dinner
WITH FRIENDS

You need to give love to someone

Young Thug

Ein Abend

Freitagabend in der nördlichen Oberpfalz. Wir – das heißt Jonas, Laslo & Pate – machen uns auf den Weg nach Neuhaus, für frisch gebrautes Zoiglbier und einen ehrlichen Brotzeitteller. In der Zoiglstubn lernt man sich schnell kennen, denn an Stelle von Reservierungen rutschen die Gäste zusammen, um für bekannte oder fremde Gesichter Platz am Tisch zu machen. So kommt man vielleicht nicht als Gruppe rein, sitzt aber mit Sicherheit als Gruppe drinnen. Wir unterhalten uns über dieses und jenes, werden in die Gespräche der anderen Gäste verwickelt und bitten sie im Gegenzug um eine Einschätzung der Bedeutung von Brotrinde und Bierschaum. (Beides ist für den Zoiglbesucher nach unserer Umfrage essentiell!). Wir bestellen zusammen mit einer Frau aus dem Dorf eine Brotzeit für 4 und essen diese gemeinsam. Dabei diskutieren wir:

„Es ist am schönsten, wenn man Essen teilt. Wir essen viel zu oft allein."

„Jonas, du bist doch Koch. Du musst mir mal ein paar Gerichte sagen, die man gut zusammen essen kann. Und die so ne gute Grundlage wie der Brotzeitteller hier schaffen, dass man nicht nach dem ersten Bier umkippt ..."

„Also ich finde so asiatische Sachen geil, wenn viele verschiedene Sachen auf dem Tisch stehen und jeder greift sich, worauf er Lust hat."

„Mein Go-To-Rezept vor dem Feiern sind Käsespätzle, super Grundlage und eigentlich das Beste, um einen lustigen Kochabend mit Freunden zu haben."

„Wenn wir das sammeln würden, kämen sicherlich ne Menge guter Rezepte zusammen. Das wäre doch lustig, so ein kleines Kochbuch mit unseren Lieblingsgerichten für das Dinner mit den Homies zu haben. Wäre auch ein derbe nices Geschenk für Freunde ..."

mit Folgen

Im Laufe des Abends erzählt der Pate allen, die es hören wollen, dass wir ein Kochbuch von Freunden für Freunde schreiben würden. Laslo erzählt allen, die es nicht hören wollen, dass er ihre lustigsten Koch- und Partygeschichten ins Buch aufnehmen würde, woraufhin niemand mehr mit ihm reden will.

Jonas erzählt allen, die nicht von uns anderen zwei zugetextet werden, was er gerne auf dem Heimweg macht: „Wisst ihr, das Geilste ist, wenn ich mir an irgendeiner Ecke noch ne Pizza oder nen Döner hole, so zum Mitnehmen, und wenn ich daheim ankomme, dann esse ich nur die Hälfte. Den Rest platziere ich schön neben meinem Bett, dass ich nach dem Aufwachen sofort was gegen den ersten Katerhunger hab.“ Und ja, Jonas kocht in einer Sterneküche.

Komischerweise kam uns das mit dem Kochbuch auch in absolut nüchternem Zustand wie eine gute Idee vor. Zum Glück fiel uns schnell ein, dass unsere Freundin Carina schon seit ein paar Jahren in der ganzen Welt Essen fotografiert. Und ein anderer Kumpel, Marek, jedem Buch ein gutes Layout verpassen kann. Das Ergebnis unserer gemeinsamen Arbeit haltet ihr in der Hand. Wir hatten eine Menge Spaß, denn alle Gerichte kochten und verzehrten wir im Kreis von Freunden. Wir wünschen euch nun genauso viel Spaß beim Nachkochen, Abändern und gemeinsamen Essen!

Carina, Jonas, Laslo, Marek & Pate

6 PM

MIDNIGHT

9 AM

ALL NIGHT LONG

6 PM

Snacks
Mit Freunden
Family Style
Desserts

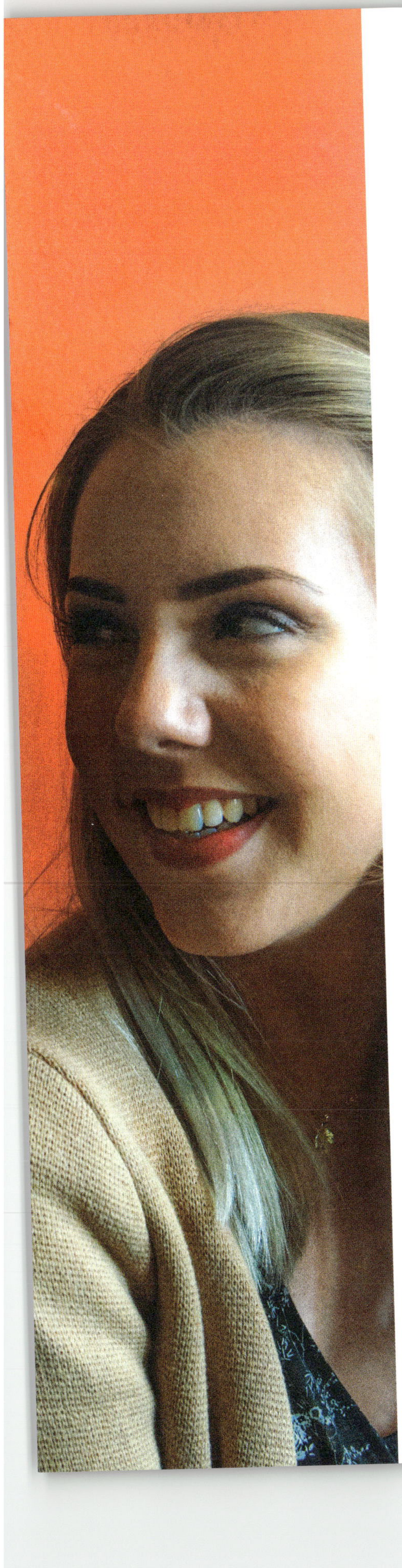

SNACKS

Was ist ein gutes Essen? Drei Gänge mit Vorspeise, Hauptgang, Nachtisch? Wir haben viel zusammen gekocht, aber wir müssen gestehen: Salat als Vorspeise gab es nie. Die Gyoza kommen bei Jonas immer zusammen mit geilem Reis auf den Tisch, sodass sich Hauptgang und Vorspeise gar nicht richtig trennen lassen. Bei Laslo ist Hummus entweder eine Vorspeise oder ein Snack. Manchmal fragen die Gäste, ob sie bei Hummus oder bei Laslo zu Gast sind, weil ersteres immer in der Wohnung ist. Der Pate repräsentiert die Nordoberpfalz, wo immer er gerade ist und serviert einen schön angerichteten Zoiglteller oder ein paar Aufstriche. Und wenn er davor Zeit hat, dann backt er sogar noch ein Brot. Die Gerichte hier sind also was für ein Abendbrot, Kleinigkeiten zum Hinstellen auf Partys oder Vorspeisen. Die Sachen sind alle leicht gemacht, aber ausreichend geil, um die Gäste vom Hocker zu hauen.

ZOIGLTELLER

& OBAZDA

4 Personen · ~~ratzfatz~~ · mach mal halblang · ~~eine lange Geschichte~~

Obazda
Leberkäse
kalter Braten
Fleischsalat
Presssack, Geräuchertes
Hausmacherwurst
Limburger Käse, Hartkäse
Tomaten, Gurke
Radieschen, Zwiebel
gekochtes Ei
Schnittlauch, Petersilie
Brot

OBAZDA

1 kleine Zwiebel, fein gewürfelt
100 g weiche Butter
120 g Romadur-Käse
220 g Tortenbrie
1 TL Paprikapulver, edelsüß
½ TL Paprikapulver, rosenscharf
1 TL Kümmelsamen
40 ml Weißbier
150 g Doppelrahm-Frischkäse
½ Bund Schnittlauch
Salz & Pfeffer

Die Zutaten auf einem Teller anrichten und mit Zwiebelringen, Petersilie und Schnittlauch garnieren. Die Brotzeit schmeckt am besten in geselliger Runde mit Freunden. Dazu gehört natürlich ein kühles Zoigl-Bier!

OBAZDA

Die Zwiebeln in einer Pfanne mit 1 Esslöffel Butter 5 Minuten lang goldbraun braten. Die Zwiebeln vom Herd nehmen und abkühlen lassen. Die restliche Butter aufschlagen, bis sie cremig ist. Den Käse klein würfeln. Paprikapulver, Kümmel, den geschnittenen Käse, den Frischkäse, die Zwiebeln und das Weißbier unter die Butter rühren. Den angemachten Käse mit Salz und Pfeffer abschmecken. Den Obazda eine Stunde ziehen lassen. Danach mit feingeschnittenem Schnittlauch bestreuen und servieren.

GYOZA

JAPANISCHE TEIGTASCHEN MIT SCHWEINEFLEISCH

6 Personen · ~~ratzfatz~~ · ~~mach mal halblang~~ · eine lange Geschichte

1 Packung Gyoza-Teigblätter (25–30 Stück)
2 EL Sonnenblumenöl

FÜLLUNG

¼ Chinakohl
2 TL Salz
250 g Schweinehackfleisch
1½ EL Sojasauce
1 EL Austernsauce
1 EL Salz
1 Bund Schnittlauch, fein gehackt
15 g Ingwer, fein gehackt
1 Knoblauchzehe, fein gehackt
2 Eier
1 EL Sesamöl

SAUCE

5 EL Sojasauce
2 EL Mirin (alternativ 2 EL Reisessig mit ½ TL Zucker)
1 EL Chiu Chow Chili (siehe S. 90)

Den Chinakohl fein hacken, in einer Schüssel mit dem Salz vermischen und 15 Minuten ziehen lassen. Danach mit den Händen über der Spüle ausdrücken. Jetzt in einer großen Schüssel alle Zutaten für die Füllung vermengen.

Um die Gyoza zu falten, ½ Esslöffel der Füllung in die Mitte eines Teigblattes geben (siehe S. 18). Den überstehenden Teig rund herum mit nassen Fingern befeuchten. Eine Seite so über die Füllung klappen, dass ein Halbkreis entsteht. Die Ränder mit den Fingern leicht in Falten legen und dann zusammendrücken. Die Teigtaschen auf einen Teller legen.

Nun in einer Pfanne 2 Esslöffel Sonnenblumenöl erhitzen. Die Gyoza nebeneinander in die Pfanne legen und braten. Sobald sie am Boden braun werden, 250 ml Wasser dazugeben und die Pfanne mit einem Deckel abdecken. Nach 6 Minuten den Deckel abnehmen und das restliche Wasser verkochen lassen. Die Gyoza auf einen Teller umsetzen und auf den Tisch stellen. Für die Sauce einfach die Zutaten vermischen und die Teigtaschen reindippen.

eins

Den Teig auf die Hand legen und einen halben Esslöffel Füllung in die Mitte geben.

zwei

Den Rand mit Wasser anfeuchten und den Teig vorsichtig zusammenklappen.

drei

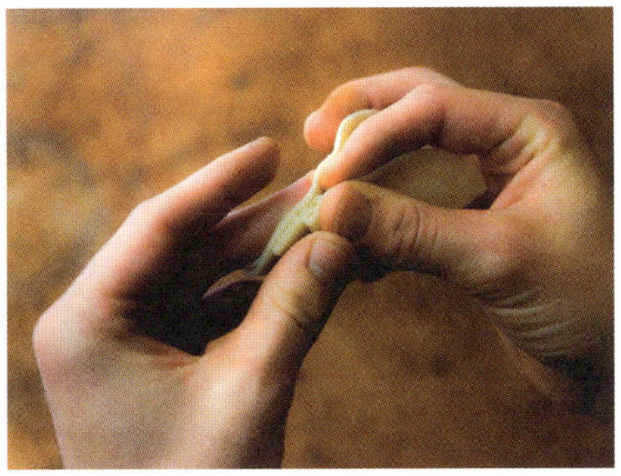

Die vordere Teigseite schrittweise überlappend auf die hintere drücken.

vier

Alles noch einmal gut zusammendrücken, sodass die Gyoza nicht mehr aufgehen.

4 Personen · ratzfatz · ~~mach mal halblang~~ · ~~eine lange Geschichte~~

250 g Linsen
1 mittlere Zwiebel, gewürfelt
1 große Tomate, gewürfelt
4 Knoblauchzehen, gehackt
1 EL Tomatenmark
5 EL Olivenöl
1 TL Salz
¼ TL Pfeffer
½ TL Kumin
1 TL Chilipulver
500 ml Wasser
2 EL Granatapfelsirup
1 EL Koriander
1 EL Petersilie

LINN EMILIE

MAROKKANISCHE LINSEN

Die Linsen waschen. Alles bis auf den Granatapfelsirup und die Kräuter in einen Topf geben und vermischen. Kochen, bis das Wasser verkocht ist. Dann den Granatapfelsirup beigeben und nach Geschmack mit Petersilie und Koriander servieren.

i ♥ you

marokkanischer

MINZTEE

Stell Dir vor, du bist in der Wüste. 46 Grad im Schatten. Celsius tagsüber, Kelvin nachts. Der Sand vom Sturm hängt dir in den Ohren und hat den Eintopf ungenießbar gemacht. Hier läuft alles verkehrt. Doch auf einmal pfeift der Beduine, er heißt Megatron, glaube ich. Ich meine ihn zu Beginn des Sandsturms gesehen zu haben, wie er sich in Windeseile auf sein Kamel geschwungen hatte, aus unserem Lager rauspreschte und in halsbrecherischem Tempo in einer Kreisbahn um unser Lager ritt. Ich glaube, die Zentrifugalkräfte beendeten den Sturm. Und nun pfeift er, es ist ein unerwartet sanftes Pfeifen. Nicht so Schiri-Rote-Karte-mäßig. Nein, es ist das langsam erklingende Pfeifen, wie von einem Teekochtopf. Das liegt wahrscheinlich daran, dass es ein Teekochtopf ist, der da pfeift, Megatron tut nur so, und als er merkt, dass ich bemerkt habe, dass sein Pfeifen in der Tat nur ein Imitat ist, zwinkert er mir zu. Dann nickt er mir leicht mit dem Kopf zu, um mich in die Sitzecke zu dirigieren. Dort stehen die Tassen bereit. Er schenkt in alle Gläser ein, im Uhrzeigersinn, in sein eigenes zuletzt. Dabei setzt er die Kanne am Glas an und hebt sie dann immer höher, sodass der Tee aus einem halben Meter Höhe in das Glas plätschert und senkt sie dann wieder ab. Der zuckersüße Tee bringt wieder Ordnung in unser Sandsturmchaos.

Für den marokkanischen Minztee 1 Esslöffel „Chinese Gunpowder Tea" mit ½ Liter 90 °C heißem Wasser aufgießen. 4 Stengel frische Minze dazugeben und je nach Geschmack 1 oder 2 Esslöffel Zucker unterrühren. Man kann den Tee ruhig 2 oder 3 Mal aufgießen – und wenn keine passende Teekanne vorhanden ist, dann tut es auch ein normaler Kochtopf.

ZAALOUK

AUBERGINENSHIZZLE

4 Personen · ratzfatz · [redacted] · [redacted]

1 große Aubergine
3 große Tomaten, geschält und gewürfelt
1 kleine grüne Paprika
2 Knoblauchzehen, fein gehackt
2 TL Kumin
1 TL Paprikapulver
½ TL Chilipulver
1 TL Kurkuma
1 TL gemahlener Ingwer
2 TL Zucker
Salz & Pfeffer
½ Bund Koriander, gehackt
½ Zitrone

Die Aubergine in Streifenmuster längsseitig schälen, sodass die Haut jeweils einmal ab und einmal dran ist. Danach in kleine Würfel schneiden. Nun einen Topf mit gesalzenem Wasser aufsetzen und sobald es kocht, die Aubergine ins Wasser geben und für 15 Minuten köcheln lassen. Danach abgießen.

Währenddessen in einer Pfanne Olivenöl bei mittlerer Temperatur erhitzen. Den Knoblauch zum Öl geben und etwa eine Minute leicht anbraten. Danach die Paprika hinzufügen. Nach weiteren 2 Minuten die Tomaten in die Pfanne werfen und die Gewürze (Kumin, Paprika- und Chilipulver, Kurkuma, Ingwer, Zucker, Salz & Pfeffer) untermischen. Nach etwa 5 Minuten die Auberginen dazugeben und dann 10 Minuten bei mittlerer Temperatur köcheln lassen. Das Zaalouk in eine Schale geben, den Saft einer halben Zitrone darüber gießen und mit Koriander anrichten.

Die Tomatenhaut anritzen, kurz in kochendes Wasser geben, abschrecken und dann mit dem Messer die Haut abziehen: Tomatenschälen ist easy!

CHAPATTUS

INDISCHES CHAPATI-BROT MIT KNOBLAUCH

4 Personen · ratzfatz · ~~noch mal halb lang~~ · ~~eine lange Geschichte~~

300 g Weizenmehl
2 EL Knoblauch, fein gehackt
2 EL Quark
1 EL Öl
1 Prise Salz
120 ml Wasser

Alle Zutaten in eine Schüssel geben und durchkneten. Das Wasser nach und nach zugeben, bis der Teig schön geschmeidig ist. Mit einem Tuch zugedeckt 10 Minuten ruhen lassen. Den Teig in 12 gleichgroße Bälle teilen.

Die Bällchen mit Mehl bestreuen und jeweils zu einem Kreis ausrollen. Eine beschichtete Pfanne ohne Öl heiß werden lassen. Die Chapattus von jeder Seite 2 Minuten anbraten und dabei hin und her bewegen. Chapattus einfach mit Butter bepinseln und genießen oder als Beilage zu einem Curry servieren.

Auch wenn das Curry etwas zu flüssig ist, lässt es sich leicht mit den Chapati essen, wenn man ein kleines Stück an zwei Ecken zusammengeklappt und als Löffel benutzt.

BIGBALLERBRANDBROT

SELBSTGEMACHT

1 kg Brot · ~~ratzfatz~~ · ~~mach mal halblang~~ · eine lange Geschichte

300 g Weizenmehl 1050
120 g Dinkelmehl 1050
180 g Roggenmehl 1150
½ Stück frische Hefe
1 EL Salz
1½ TL Zucker
2 EL Balsamico-Essig
50 g Sonnenblumenkerne
420 ml handwarmes Wasser (28°–30 °C)

Alle Zutaten mischen und 10–15 Minuten kneten. Der Teig sollte glatt und glänzend sein. Danach kurz ruhen lassen und anschließend rundwirken. Eine formschöne Schüssel gut bemehlen und den Teig darin 60 Minuten gehen lassen. Den Teig mit dem Finger anstupsen. Wenn eine Delle bleibt und der Teig nicht wieder zurückspringt, ist er bereit zum Backen.

Den Ofen auf 250 °C vorheizen und eine Tasse Wasser in den Ofen stellen. Den Teig aus der Schüssel auf das vorbereitete Backblech stürzen. 15 Minuten bei 250 °C backen, dann die Temperatur auf 210 °C reduzieren, die Wassertasse entnehmen und weitere 40 Minuten backen.

Nach dem Herausnehmen das Brot sofort mit einer Blumenspritze mit etwas kaltem Wasser besprühen. Auf einem Gitterrost auskühlen lassen.

320 g weiße Bohnen, aus der Dose oder gekocht
3 Zehen Knoblauch
6 EL Olivenöl
7 Pfefferkörner
1½ TL Koriandersamen
1½ TL Kreuzkümmel
1 Prise Zimtpulver
1 EL Agavendicksaft
1 Zitrone, Saft & Abrieb
1 TL Cayennepfeffer
1 Bund Koriander, gehackt
1½ TL Senf, mittelscharf
Salz & Pfeffer

Zuerst Koriandersamen, Pfeffer und Kreuzkümmel in einer Pfanne ohne Öl anrösten, bis es anfängt zu duften, danach die Mischung mit einem Mörser zerkleinern. In einer Pfanne das Olivenöl erhitzen (nicht zu heiß werden lassen!), den gehackten Knoblauch und den Cayennepfeffer darin kurz anbraten. Pfanneninhalt, Zitronensaft und -schale und Senf mit den Bohnen mischen und pürieren. Je nach gewünschter Konsistenz kann man noch etwas Olivenöl dazugeben. Die restlichen Zutaten und die Gewürze unterrühren und mit Salz, Pfeffer, Zitronensaft und Agavendicksaft abschmecken.

AUBERGINEN CREME

1 mittelgroße rote Bete, gekocht
100 g Sonnenblumenkerne
2 EL Meerrettich aus dem Glas
2 EL Zitronensaft
2 EL Sonnenblumenöl
2 EL Agavendicksaft
Salz

Die rote Bete in kleine Stücke schneiden. Sonnenblumenkerne, Meerrettich, Öl, Zitronensaft, Agavendicksaft und Salz hinzugeben und anschließend alles in einer Schüssel pürieren.

WEISSE BOHNEN PASTE

Die Aubergine schälen, würfeln und in einer Pfanne mit Öl bei mittlerer Hitze 15 Minuten anbraten. Knoblauch und Tomaten grob hacken, dann alle Zutaten in eine Schüssel geben und mit einem Pürierstab mixen. Gegebenenfalls Öl oder Orangensaft hinzugeben, bis eine geschmeidige Creme entsteht.

1 Aubergine
100 g Fetakäse
100 g getrocknete Tomaten
1 Knoblauchzehe
Oregano und Basilikum

ROTE BETE CREME

STRAIGHT OUTTA HAIFA

HUMMUS

4 Personen · ratzfatz · ~~mach mal halblang~~ · ~~eine lange Geschichte~~

500 g Kichererbsen aus der Dose
300 g Sesammus
2 EL Kumin
2 TL Salz
2 Zitronen
3 Knoblauchzehen, gehackt
Harissa (siehe S. 90)

Die Kichererbsen mit dem Knoblauch in eine Schüssel geben und pürieren. Anschließend das Sesammus und den Saft von 2 Zitronen beigeben und alles vermengen. Jetzt den ersten Esslöffel Kumin unterrühren und kaltes Wasser in die Schüssel geben, bis eine cremige Konsistenz entsteht. Im Anschluss einfach abschmecken. Vielleicht noch mehr Kumin? Für ein bisschen Schärfe noch mit verschiedenen Chiliprodukten spielen oder auch mal Orangensaft statt Wasser verwenden.

Traditionell wird Hummus auf einem Teller serviert. In die Mitte einfach eine kleine Kuhle drücken und mit Olivenöl befüllen. Mit Paprikapulver und frischen Kräutern, beispielsweise Petersilie garnieren. Die Feinschmecker können noch Pinienkerne dazu rösten.

Hummus schmeckt natürlich auf Brot, ist aber eigentlich eine eigene Mahlzeit. In manchen Restaurants im Nahen Osten gibt es nur Hummus. Da wird er dann mit einer Tomate, Essiggurken, einem Falafelball und natürlich Pitabrot serviert.

Im Winter nehme ich einen Granatapfel und mische die Kerne unter den Hummus.

SAMOSA

WOLLEN SIE EINE ROSE KAUFEN?

4 Personen · ~~ratzfatz~~ · ~~noch mal halb lang~~ · eine lange Geschichte

FÜLLUNG

3 mittelgroße Kartoffeln, mehlig kochend
2 Schalotten
3 Tomaten
Masala Curry
1 Handvoll Curryblätter
2 Chilis, fein gehackt
Sesamöl
Salz & Pfeffer

TEIG

250 g Mehl
1 Prise Salz
40 ml Sonnenblumenöl
120 ml Wasser

TAMARINDEN-DIP

2 Schalotten, fein gehackt
2 TL Chilis, fein gehackt
2 Zehen Knoblauch, fein gehackt
100 g Tamarinden-Paste
½ Bund Koriander, fein gehackt
1 EL brauner Zucker
1 TL Cumin
1 TL Ingwerpulver
1 EL Sesamöl
1 Prise Zimt
2 EL Limetten- oder Zitronensaft
Salz & Pfeffer

SAMOSA

Kartoffeln schälen, in Stücke schneiden und 10 Minuten kochen. Die Schalotten würfeln und mit Sesamöl in der Pfanne anschwitzen. Tomaten, Chilis, Curryblätter und Knoblauch kleinschneiden und mit den Kartoffeln hinzugeben. Braten, bis die Kartoffeln mehlig weich werden. Mit Salz, Pfeffer und der Masala Curry-Gewürzmischung des Vertrauens abschmecken.

Für den Teig das Mehl, Salz, Öl und Wasser mit den Händen (oder einem Rührgerät mit Knethaken) verkneten. Der Teig sollte fest sein und nicht an den Fingern kleben. Den Teig ausrollen und in 10 x 10 cm große Stücke unterteilen. Die vorbereitete Kartoffelmischung auf die Teigstücke geben und diese diagonal zu dreieckigen Teigtaschen zusammenklappen. Die Ränder mit Wasser bestreichen und mit einer Gabel festdrücken, sodass sich die Taschen nicht mehr öffnen.

Den Ofen auf 190 °C Ober-/Unterhitze bzw. 170 °C Umluft vorheizen und danach die Samosas 15 Minuten backen.

TAMARINDEN-DIP

Schalotten, Knoblauch und Chilis in Sesamöl kurz anbraten. Tamarindenpaste, Gewürze, Zucker und den geschnittenen Koriander hinzugeben und 5 Minuten köcheln lassen. Dann den Limetten- oder Zitronensaft untermischen und alles in eine Schüssel geben.

MIT FREUNDEN

Abendessen mit Freunden ist 25-mal besser als allein. Doch nicht nur Essen macht alleine weniger Spaß, sondern auch die Zubereitung. Deswegen ist eine Dinnereinladung bei uns eher eine Kocheinladung. Komm um 8 rum bedeutet, dass das Essen eh nicht vor 9 auf dem Tisch stehen wird. Das Dinner with Friends beginnt, sobald wir die Tür aufmachen. Rumstehen in der Küche mit dem ersten Getränk in der Hand, ein bisschen Kräuterhacken, Banalitätenaustausch: Alle lassen sich Zeit bei der Zubereitung, bis auf einen Schlag ein Riesenhunger die Runde macht und es schnell schnell schnell gehen muss. Dann wird der Tisch mit dem zusammengewürfelten WG-Geschirr gedeckt und die Vorspeise kommt mit dem Hauptgang auf den Tisch, weil eh alles gleichzeitig fertig geworden ist und später keiner nochmal aufstehen will. Und bevor der Nachtisch aus einer Schale gegessen wird, muss dann erstmal eine Stunde vergehen, schließlich haben wir alle ordentlich zugeschlagen...

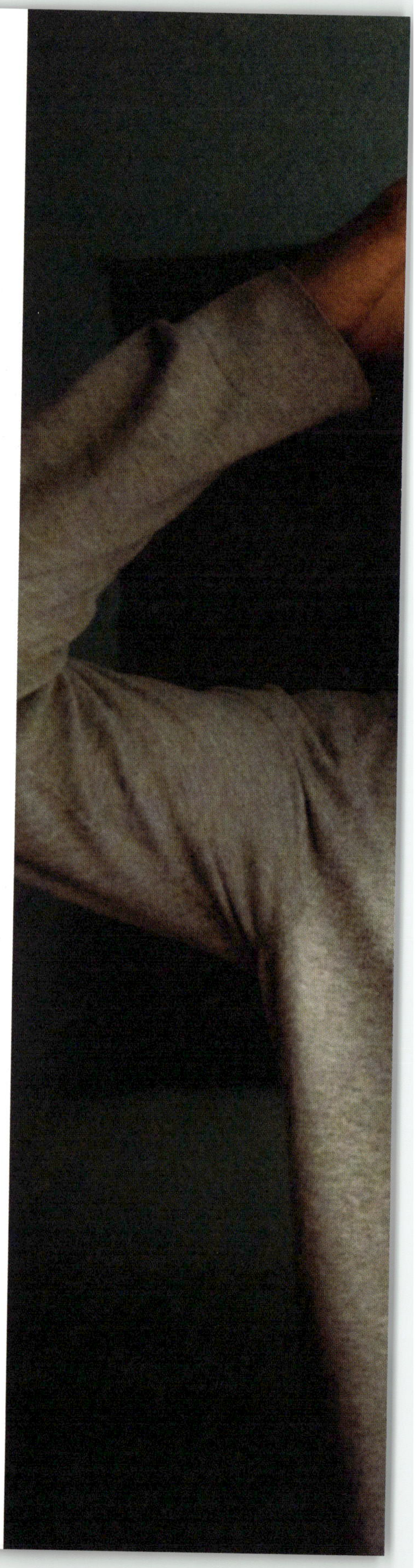

BURR! BURR!

BURRITOS

8 Burritos · ~~ratzfatz~~ · mach mal halblang · ~~eine lange Geschichte~~

8 Tortilla-Wraps
200 g Reis
1 Limette, Saft & Abrieb
800 g Kidney-Bohnen aus der Dose
etwas Tomatenmark
Crème fraiche
200 g Bergkäse, gerieben
1 Pck. Tortilla Chips

GUACAMOLE

2 reife Avocados
½ Zwiebel, fein gewürfelt
1 Chili, gehackt
½ Tomate, fein gewürfelt
1 Knoblauchzehe, fein gehackt
Salz & Pfeffer

SALSA

2 Tomaten, gewürfelt
½ Zwiebel, gewürfelt
Salz & Pfeffer

Den Reis in Wasser mit dem Limettensaft und -abrieb nach Anleitung kochen. Die Hälfte der Bohnenflüssigkeit abgießen und sie dann mit der Restflüssigkeit in einem Topf aufkochen und 15 Minuten bei geringer Hitze köcheln lassen. Die „Bohnensauce" mit Tomatenmark andicken, sodass am Ende die Bohnen und etwas dickflüssige Sauce in den Burrito gepackt werden können. Man kann die Bohnen nach Belieben mit Chili, Knoblauch, Salz und Pfeffer verfeinern.

Für die Guacamole das Fleisch der Avocados mit einem Löffel von der Schale trennen und anschließend in einer Schüssel mit einer Gabel zerdrücken. Nun Zwiebel, Tomate, Chili und Knoblauch untermischen und mit Salz und Pfeffer abschmecken. Je nach Geschmack kann mehr Knoblauch und Chili verwendet werden.

Für die Salsa einfach Tomaten und Zwiebeln vermengen und mit Salz und Pfeffer abschmecken. Man kann natürlich kreativ werden und Kräuter, Chilis oder abgefahrene Gewürze dazu schmeißen.

Die Burritos können beliebig gefüllt werden. Unsere Variante: Zuerst eine Tortilla in einer Pfanne erwärmen, dann mit Crème fraîche bestreichen. Anschließend 2 EL Reis und 2 EL Bohnen drauf. Danach 1 EL Guacamole und Salsa draufpacken. Nun noch etwas geriebenen Bergkäse dazu und zuletzt 2 Tortillachips zerbrechen und auf den Burrito bröseln. Dann zuerst die Unterseite des Burritos auf die Füllung klappen und schließlich die Seiten zusammenklappen, sodass der Burrito oben offen ist.

ROLL IT UP

SUMMER ROLLS

8 Summer Rolls · ratzfatz · ~~nach mal halblang~~ · ~~eine lange Geschichte~~

SUMMER ROLLS

100 g Glasnudeln
2 EL Sesamöl
¼ Kopfsalat
1 Karotte
½ Gurke
1 Pck. Räuchertofu
1 EL Chiu Chow Chili (siehe S. 90)
1 EL Aprikosenmarmelade
1 EL helle Sojasauce
8 Reisblätter
½ Bund Koriander
50 g Erdnüsse, geschält
Öl zum Braten

DIP

50 ml Sojasauce
½ Limette
Chiu Chow Chili (siehe S. 90)

Die Glasnudeln nach Packungsanleitung kochen, unter kaltem Wasser abschrecken und mit dem Sesamöl vermischen. Die Gurke und die Karotte in Streifen hobeln, den Eisbergsalat in dünne Streifen schneiden. Die Streifen in separaten Schüsseln aufbewahren. Den Räuchertofu in dünne Streifen schneiden, in einer heißen Pfanne mit etwas Öl anbraten. Nach ca. 2 Minuten die Sojasauce, die Aprikosenmarmelade und das Chiu Chow Chili dazugeben. Kurz weiterbraten und dann in eine Schüssel geben. Den Koriander und die Erdnüsse hacken und in separate Schüsseln füllen.

Für den Dip die Sojasauce mit dem Saft der halben Limette und Chili nach eigenem Ermessen vermengen. Wie die Summer Rolls gerollt werden, siehst du auf der nächsten Seite.

eins

Das Papier in kaltem Wasser 30 Sekunden einweichen und mit Zutaten befüllen.

zwei

Nun die Füllung von einer Seite aus vorsichtig einrollen.

drei

Jetzt die Seiten zuklappen und
nochmal kurz in sich gehen.

vier

Zum Schluss die Summerroll aufrollen,
sie hält von allein zusammen.

FREITAG IST C~~OUSCOU~~STAG

Kuss Kuss

Meryam, das war ihr Name. Sie lud mich ein, freitags Essen mit ihr, Essen mit ihrer Family. In einem zweistöckigen Haus in der Altstadt saßen wir auf dem Boden um einen kniehohen Tisch und Meryams marokkanische Mama servierte Couscous. Jeden Freitag den gleichen, mit Lamm, dazu Gemüse und als Special Rosinen. Jeden Freitag gleich gut. Wir saßen um den Tisch und aßen den Couscous mit den Händen. Der kleine Bruder machte dabei weniger Sauerei als ich. Ich habe mich bei mir daheim nie getraut, Couscous mit den Händen zu essen, vor allem, weil ich es meinen nichtmarokkanischen Freunden nicht zutraue, noch weniger als mir.

Nach dem Essen kochte Meryam uns allen einen Minztee und danach saßen wir auf dem Dach und schauten auf die umliegenden Häuserwände, denn das Haus war nur zweistöckig, die meisten anderen aber dreistöckig. „Aber was will man machen", hätten wir stöhnen können, auf Französisch. Aber die Häuserwände waren für uns gar keine Wände, denn freier waren unsere Gedanken nie, als zu jener Zeit, als wir süßen Minztee tranken, süßes Gebäck zum Nachtisch vom kleinen Bruder gebracht bekamen und uns süße Komplimente machten. Heimischer fühlte ich mich an kaum einem Ort: Um in einer neuen Welt anzukommen, braucht man nicht mehr, als einmal pro Woche bei Meryam willkommen zu sein.

Couscous wird in Marokko wirklich nur an Freitagen gegessen. Es ist die besondere Mahlzeit der Woche und ein großes Glück haben jene Besucher, die zu einer Familie eingeladen werden: Der Couscous wird idealerweise stundenlang über dem Gemüse und Fleisch gegart und dafür ist in Restaurants meist keine Zeit. Nirgendwo isst man in dem Land also so gut, wie bei einer Familie am Freitag. Und nirgendwo aß ich so gut, wie bei Meryam. Die Erinnerung daran lässt mich fürchten, dass der Couscous nie wieder so gut schmecken wird.

S.C.U.E.R.R.

SENEGALESISCHER COUSCOUS

4 Personen · ~~ratzfatz~~ · mach mal halblang · ~~eine lange Geschichte~~

750 g Hähnchenschenkel
100 ml Öl zum Anbraten
500 g Couscous
150 g Rosinen
200 g Fetakäse
Basilikum, zum Garnieren

SAUCE

600 ml passierte Tomaten
1 Zwiebel, gewürfelt
3 Knoblauchzehen, gehackt
2 TL Ras El Hanout
2 TL Harissa (siehe S. 90)
1 TL Paprikapulver
1 TL Kurkuma
Salz & Pfeffer

Die Hähnchenschenkel zuerst gut unter kaltem Wasser abwaschen und mit Küchenkrepp abtrocknen. Das Öl in einer Pfanne erhitzen, bis sich an einem Kochlöffelstiel Blasen bilden. Nun die Hähnchenschenkel von beiden Seiten bei hoher Temperatur scharf anbraten. Dann bei mittlerer Hitze unter mehrmaligem Wenden goldbraun braten. Anschließend für ca. 20 Minuten bei reduzierter Hitze mit Deckel garen.

Gleichzeitig kann das Tomatensugo zubereitet werden: Dafür in einer Pfanne Öl erhitzen und die Zwiebeln darin ca. 5 Minuten glasig anbraten. Dann den Knoblauch beigeben und für eine Minute mit anbraten. Danach die passierten Tomaten beigeben und die Gewürze unterrühren. Das Sugo 20 Minuten köcheln lassen und nochmal mit Salz und Pfeffer abschmecken. Es darf ruhig eine gute Schärfe haben, diese wird später vom Couscous abgemildert. Der Couscous kann währenddessen nach Packungsanleitung zubereitet werden.

Sobald die Hähnchenschenkel etwas abgekühlt sind, wird das Hähnchen in kleine, essbare Stücke gerupft. Wenn Tomatensugo und Couscous fertig sind, kann nun alles in einer großen Schüssel oder der Pfanne vermischt werden: Couscous, Tomatensauce, das gerupfte Hähnchen und die Rosinen. Zum Schluss noch den Feta drüberstreuen und wie gewünscht mit Basilikum garnieren.

Zu dieser Speise passt
Young Thug's Musik vorzüglich.

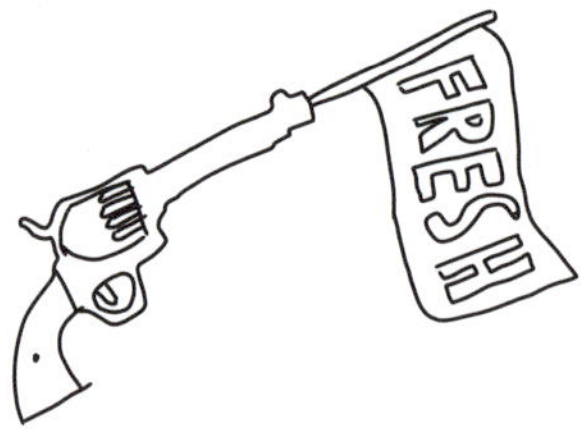

KILLIN WITH FRESHNESS

PATES COUSCOUS

4 Personen · ratzfatz · ~~mach mal halblang~~ · ~~eine lange Geschichte~~

250 g Couscous
1 Bund Frühlingszwiebeln, in feine Ringe geschnitten
1 Zwiebel, gewürfelt
Butter
Olivenöl
2 Knoblauchzehen, fein gehackt
200 g Kichererbsen im Glas
200 g frischer Blattspinat
Rote Currypaste
Muskat
10 g Ingwer, fein gehackt
2 TL Kurkuma
400 g Kokosmilch
500 g Naturjoghurt
½ Bund Schnittlauch, frisch gehackt
1 Zitrone
Salz & Pfeffer

Den Couscous nach Packungsanweisung zubereiten. Anschließend die Frühlingszwiebeln untermischen.

Zwiebeln und Knoblauch mit 1 Esslöffel Currypaste in Olivenöl glasig anbraten. Dann die Kichererbsen abgießen und 1 Minute mitbraten. Die Kokosmilch dazugeben und alles einmal aufkochen. Den Blattspinat grob schneiden, beigeben und solange weiter kochen, bis er zerfällt. Mit Salz, Ingwer, Muskat und Kurkuma würzen.

Für den Joghurtdip den Naturjoghurt mit dem Saft der Zitrone und dem Schnittlauch vermischen. Mit Salz und Pfeffer abschmecken.

EIN DRINK, ZWEI DRINKS

ich drink sie, bin drunk

COLA MIT EIS
Es geht nichts über eine Coca-Cola mit einem schönen Zitronenschnitz und zwei Eiswürfeln drinnen. Komm wir trinken Cola mit Eis!

ESPRESSO
Irgendwie muss man ja in Gang kommen. 5 Espressi, bitte!

SAFT
Frag nicht was für Saft, einfach Orangensaft!

WASSER
Kalt, klar – ein unbeschreibliches Glück, dass man in Deutschland überall ein so gutes Getränk durch leichtes Drehen ins Glas laufen lassen kann.

ZOIGL
Wenn ich ein Zoigl trinke, dann fühle ich mich immer wie daheim. Das liegt daran, dass man Zoigl nur in der Nordoberpfalz trinken kann.

BBBBUNS

NICHT BARNES

8 BBBBBBBBuns · ~~ratzfatz~~ · ~~mach mal halblang~~ · eine lange Geschichte

3 EL warme Milch
200 ml warmes Wasser
2 TL Trockenhefe
2½ EL Zucker
2 Eier
440 g Mehl Typ 550
50 g Mehl Typ 405
1½ TL Salz
80 g weiche Butter
schwarzer oder weißer Sesam

Die warme Milch, das warme Wasser, den Zucker und die Hefe in einer Schüssel vermischen. Etwa 15 Minuten stehen lassen. Mehl mit dem Salz vermengen. Die Butter zufügen und mit den Händen kneten, bis kleine Brösel entstehen. Die Hefe-Mischung und ein Ei mit einem Kochlöffel untermischen, bis die Masse klumpt.

Jetzt auf einer sauberen Arbeitsfläche den Teig solange kneten, bis er glänzt und nicht mehr klebt. Auf keinen Fall mehr Mehl dazu geben. Das kann schon 20 Minuten dauern. Den Teig dann etwa eine Stunde an einem warmen Ort gehen lassen.

Acht BBBuns aus dem Teig formen, auf einem Backpapier verteilen und nochmal eine Stunde gehen lassen. Den Ofen auf 200 °C vorheizen, eine Schüssel Wasser auf den Boden des Ofens stellen. Das zweite Ei mit einem Esslöffel Wasser vermischen, die BBBBuns damit bestreichen und mit Sesam bestreuen. Die BBBuns etwa 15 Minuten backen, bis sie goldbraun sind.

G's BURGER

KEIN BERLINER

4 Burger · ~~ratzfatz~~ · mach mal halblang · ~~eine lange Geschichte~~

4 BBBBuns (siehe S. 54)
600 g Rinderhackfleisch
100 g Frischkäse
1 Knoblauchzehe, gehackt
1 EL Chiu Chow Chili (siehe S. 90)
8 Scheiben Cheddar Käse
8 Scheiben Raclettekäse
8 Scheiben Gouda aus Ziegenmilch
1 große Tomate, in Scheiben geschnitten
1 Zwiebel, in Ringe geschnitten
1 EL Butter
Öl zum Braten
Salz & Pfeffer

Das Hackfleisch mit Salz und Pfeffer abschmecken. In 4 Portionen teilen und Patties daraus formen. Die Patties nicht zurück in den Kühlschrank stellen.

Den Frischkäse mit dem Knoblauch und dem Chiu Chow Chili gut verrühren. Mit Salz nachschmecken und kaltstellen. Die BBBBuns halbieren. Die Schnittseiten in einer heißen Pfanne mit der Butter goldbraun braten. Danach den Frischkäse auf jede Hälfte verteilen. Auf die untere Hälfte der BBBBuns die Tomaten und Zwiebeln verteilen.

Den Ofen auf 160 °C Ober-/Unterhitze einstellen. Die Patties in einer heißen Pfanne mit etwas Öl anbraten, bis sie fast durch sind, danach die Pfanne vom Herd nehmen und die Käsescheiben auf die Patties verteilen. Diese mit der Pfanne und dem Käse in den Ofen stellen, bis dieser geschmolzen ist. Danach die Patties auf die BBBBuns-Böden verteilen und den Burger fertig zusammenbauen.

Eine Käseplatte geht auch immer.

BARNES BURGER

SCHWEIN TAUCHT IN 5 GEWÜRZE EIN

4 Burger · ~~ratzfatz~~ · mach mal halblang · ~~eine lange Geschichte~~

4 BBBBuns (siehe S. 54)

BURGER

2 TL Five Spice Gewürzmischung
2 Knoblauchzehen
30 g Honig
4 EL Öl
700 g Schweinebauch
8 Salatblätter
2 Stangen Frühlingszwiebeln
8 Scheiben Gruyèrekäse
Chiu Chow Chili (siehe S. 90)

BARBECUESAUCE

50 ml Hoisinsauce
50 ml Sojasauce
100 ml Pflaumenmus

Für die Marinade den Knoblauch kleinschneiden und in einer Schüssel gut mit Honig, Öl und dem Five Spice vermischen. Als Nächstes die Schwarte des Schweinebauches entfernen, auf Knorpel und Knochen überprüfen und gegebenenfalls diese auch entfernen. In lange, fingerdicke Scheiben schneiden. Diese für mindestens eine Stunde in der Marinade einlegen.

Für die Barbecuesauce die Hoisin-, Sojasauce und das Pflaumenmus vermischen.

Den Salat waschen und in große Blätter zupfen. Danach die Frühlingszwiebeln in feine Ringe schneiden und mit dem Salat beiseitestellen. Die BBBBuns aufschneiden und in einer heißen Pfanne mit etwas Butter auf der Schnittfläche toasten, bis sie goldbraun sind. Beide Brötchen mit der Barbecuesauce bestreichen, danach den Boden mit Frühlingszwiebeln und Salat belegen.

Erneut eine Pfanne mit etwas Öl erhitzen. Den Schweinebauch aus der Marinade nehmen und salzen. Nun den Schweinebauch auf einer Seite gut anbraten, dann wenden und auf die angebratene Seite den Käse legen, sodass dieser nur auf dem Schweinebauch liegt. Solange weiterbraten bis der Käse geschmolzen ist. Abschließend beides aus der Pfanne nehmen, auf Burger legen, schnell noch mit Chiu Chow Chili bestreichen, Deckel drauf, reinbeißen.

WOAH WOAH BURGER

BAZOOKA BUBBLE GUM

4 Burger · ~~ratzfatz~~ · ~~mach mal halblang~~ · eine lange Geschichte

4 BBBBuns (siehe S. 54)
600 g Hähnchenbrust
2 Eier
Paniermehl zum Panieren
Mehl zum Panieren
Öl zum Braten
8 Scheiben Chilikäse
2 EL Butter
150 g Frischkäse
Wasabipaste
1 Mango
Chiu Chow Chili (siehe S. 90)
½ Bund Koriander, gehackt
Salz & Pfeffer

Die Hähnchenbrust in 4 gleichgroße „Schnitzel" schneiden. Die Eier mit einer Gabel gut verrühren und mit einer guten Prise Salz vermischen. Mehl und Paniermehl auf je einem flachen Teller verteilen. Hähnchenbrust salzen und pfeffern. Danach erst mit beiden Seiten in das Mehl drücken, dann kurz in das Ei tauchen und zu guter Letzt im Paniermehl wenden, sodass eine gleichmäßige Panade entsteht.

Den Ofen auf 180 °C vorheizen und die Schnitzel in einer heißen Pfanne mit viel Öl goldbraun braten. Wenn die Schnitzel die gewünschte Farbe erreicht haben, aus der Pfanne nehmen, auf ein Ofenblech legen und den Käse darauf verteilen. Das Blech in den Ofen schieben und solange darin lassen, bis der Käse geschmolzen ist.

Währenddessen die BBBBuns halbieren und auf den Schnittflächen mit der Butter in einer heißen Pfanne anbraten.

Den Frischkäse mit Wasabi und Salz abschmecken und auf alle BBBuns-Hälften streichen. Die Mango schälen, in Streifen schneiden und auf die oberen Hälften der BBBuns verteilen. In der Zwischenzeit den gehackten Koriander auf die unteren BBBBuns-Hälften verteilen. Die Schnitzel aus dem Ofen nehmen und den Burger fertig zusammenbauen.

FLY WIE ADLER

CHICKEN WINGS

8 Wings · ~~ratzfatz~~ · mach mal halblang · ~~eine lange Geschichte~~

muss 6 stunden ziehen

8 Hähnchenunterkeulen
1 l Buttermilch
4 Knoblauchzehen, gehackt
100 ml Sojasauce
Salz & Pfeffer
Sriracha-Chilisauce
200 g Mayo
Saft aus 2 Limetten
100 g Mehl
100 g Stärke
2 Eiweiß
3 l Raps- oder Frittieröl

Die Buttermilch in eine große Schüssel geben. Den gehackten Knoblauch, die Sojasauce und Sriracha-Chilisauce nach Belieben dazu geben. Mit Salz und Pfeffer abschmecken. Die Hähnchenunterkeulen darin einlegen. Die Schüssel mit Folie abdecken und kaltstellen. Je länger die Keulen mariniert werden, desto zarter und besser werden sie. Sie können bis zu 24 Stunden eingelegt werden.

Die Mayo mit Sriracha-Chilisauce, Limettensaft und Salz abschmecken. Bis zum Essen kaltstellen.

Sobald die Keulen lange genug eingelegt wurden, in einem Topf oder vorzugsweiße einer Fritteuse 3 Liter Öl auf 180 °C erhitzen. Derweil das Mehl mit der Stärke und dem Eiweiß vermischen. Die Mischung mit so viel Wasser verdünnen, bis sie eine dickflüssige, gleichmäßige Konsistenz hat und mit Salz abschmecken. Die Keulen aus der Marinade nehmen, gut abtropfen lassen und in die Mehl-Eiweiß-Mischung tauchen, sodass alles gut bedeckt ist. Mit einer Zange in das heiße Fett geben und ca. 4 Minuten frittieren. Dann rausholen, 5 Minuten lang ruhen lassen und die Keulen danach nochmals frittieren, bis sie goldbraun sind.

Vorsicht, dass beim Frittieren im Topf das Öl nicht zu heiß wird und ihr eure Küche abfackelt oder euch verletzt.

Wein

Wir verbringen die schönsten Augenblicke unseres Lebens beim Essen, Trinken und Feiern mit Freunden. Daher ist es nur logisch, dass ein optimales Zusammenspiel dieser Faktoren einen schönen Augenblick zu einem unvergesslichen Moment verwandelt. Deshalb an dieser Stelle ein paar Denkanstöße zur komplexen Beziehung zwischen Essen und Wein.

Wein ist im Grunde seines Daseins simpel. Lebhafte Hefekulturen vergären zuckerhaltigen Traubensaft zu einem alkoholhaltigen Getränk. Die Wahl des richtigen Weines zum Essen entpuppt sich da in der heutigen Zeit schon als etwas schwieriger. Althergebrachte Regeln wie „Weißwein zu hellem und Rotwein zu dunklem Fleisch“ sind überholt und Ausnahmen bilden die Regel.

Nachfolgend ein paar kleine Tipps, die euch die Wahl erleichtern können.

REGIONAL FITS BEST

Vielleicht verwendet Ihr ein Produkt aus einer Region, in der auch Wein angebaut wird, oftmals harmonieren diese sehr gut. Probiert mal Miesmuscheln mit einem kräftigen Rosé aus Südfrankreich. Passt wie die Faust aufs Auge.

STAY IN UR WEIGHT CLASS

Ähnlich wie im Sport solltet Ihr kein Schwergewicht gegen ein Fliegengewicht antreten lassen. Leichte Küche harmoniert besser mit filigranen Weinen, deftige Küche fordert durchaus etwas Gehaltvolleres.

TRUST YOURSELF

Lasst euch nichts aufschwatzten oder einreden. Geschmack kann nicht aufgezwungen werden, wenn es euch schmeckt, ist es die richtige Wahl!

Hier noch ein paar Punkte, die euch helfen, den vollen Geschmack aus jedem Tropfen rauszuholen: Die Trinktemperatur, die Glaswahl und der Zeitpunkt, an dem ihr einen Wein belüftet oder dekantiert, ist für die Entwicklung der Aromen und des Geschmacks sehr wichtig. Leider ist jeder Wein, ja teilweise jede Flasche, anders und muss daher auch anders behandelt werden.

Am besten einfach ausprobieren. Mit der Zeit kommt die Erfahrung und das richtige Gespür. Versucht einmal, Weißweine etwas wärmer und Rotweine etwas kühler zu genießen. Kräftige komplexe Weißweine entwickeln mit etwas mehr Temperatur oft vielschichtigere Aromen. Es kann auch helfen, diese zu belüften oder aus einem größeren Glas zu trinken. Als Faustregel gilt: jung-frisch-leicht ca. 8 °C, kräftig-komplex bis 12 °C. Bei Rotweinen ist es genau umgekehrt: Kühlt sie etwa auf 16 °C und traut euch, vor allem bei kräftigen jungen Roten, diese 4-5 Stunden vorher zu belüften. Wenn der Wein dann doch zu kalt ist, kann man hier oft eine schöne Aromenentwicklung im Glas beobachten, sobald er langsam an Temperatur gewinnt.

Essen und Wein gemeinsam zu erfahren soll Spaß machen und kann erstaunliche Geschmackserlebnisse entstehen lassen. Keine Angst vor Fehlern, nur Mut zu Neuem. Wein ist nur eine weitere Zutat zu einem Gericht, das einen Moment der Freude gestaltet. -Alex

Marias EMPFEHLUNGEN

2016 MÜLLER-THURGAU „FRECH & FREI", MICHAEL FRÖHLICH, VOLKACH FRANKEN

Warum Müller-Thurgau? Weil es eine der deutschesten Rebsorten schlechthin ist. Neben Riesling hat der liebe Müller nämlich die meiste Anbaufläche mit über 12.000 Hektar. Leider trifft man ihn meistens nur in minderer Qualität. Um zu zeigen, dass dies aber auch anders funktioniert, gibts hier eben nun den „freien Franken"! Sehr gut passt unser fränkischer Gast generell zum Sommer auf die Terrasse: auch Klischees müssen manchmal bedient werden.

PORNFELDER LUKAS KRAUSS, LAMBSHEIM PFALZ

Das Logo verrät es schon: der Rotwein kommt vom Jungwinzer Lukas Krauß, dem Mann mit Hut. Mit dem Pornfelder ist ihm da was ganz Einzigartiges gelungen! Und das nicht nur im Etikett: Eine Cuvée aus Portugieser und Dornfelder. Auch hier eher zwei Rebsorten aus deutschen Gefilden, die nicht mit der besten Reputation daher kommen... Toller fruchtiger Rotwein, ohne dabei marmeladig zu wirken. Mit feinem Tannin, dem Stoff in Rotweinen, der sich auf unseren Zungen pelzig anfühlt. In diesem Fall sind diese sehr fein und es gibt keinen Flokati auf der Zunge. Passt zum Barnes Burger und ist ein „pornöser" Begleiter zur Pizza.

2014 GUTSRIESLING WEISER-KÜNSTLER, AN DER MOSEL

An der Mosel liegt ein Anbaugebiet, das weltweit seinesgleichen sucht: Tänzelnde Weine mit einer Weltklassebalance von Frucht und Säure, dazu die Mineralik des Schieferbodens und das bei unfassbar niedrigen Alkoholwerten: Die liegen meist nur bei 8-10%, also Limo für Erwachsene! Wir haben uns für die deutscheste Rebsorte schlechthin entschieden: Riesling. Unser Riesling kommt aus dem kleinen Weingut von Alexandra Künstler und Konstantin Weiser. Diese zwei Franken haben sich der Rettung der Steillage verschrieben, welche nur eine selektive Handlese zulässt! Und die merkt man diesem Wein auch an! Riesling passt super zu kräftigen und scharfen Gerichten wie Currys oder Poke.

sans modération. Au naturel,
en confiture ou épicé, il est
le compagnon idéal des vacances

PAULE LIEBT DIE...

MOULES FRITES

4 Personen · ~~ratzfatz~~ · mach mal halblang · ~~eine lange Geschichte~~

4 kg Miesmuscheln
8 große Kartoffeln
2 Zwiebeln, gewürfelt
4 Koblauchzehen, gehackt
450 ml Fischfond
¼ Bund Kerbel, gehackt
¼ Bund Estragon, gehackt
Öl
250 ml Weißwein
Salz & Pfeffer

Kartoffeln schälen und für die Pommes in gleichmäßige Streifen schneiden. Im Ofen bei 180 °C ca. 20 Minuten backen. Währenddessen etwas Öl in einem großen Topf erhitzen, die Zwiebeln und den Knoblauch darin kurz anbraten und mit einem Schuss Weißwein etwas köcheln lassen.

Miesmuscheln, den restlichen Wein und den Fischfond mit in den Topf geben. Den Topf zudecken und für ein paar Minuten kochen lassen, bis sich die Muscheln geöffnet haben. Die fertigen Miesmuscheln mit frisch gemahlenem Pfeffer abschmecken. Pommes aus dem Ofen holen und salzen. Miesmuscheln aus dem Sud nehmen, mit den Kräutern bestreuen und gemeinsam anrichten. Dazu passt selbstgemachte Mayonnaise.

Ich esse die Muscheln am liebsten direkt aus dem Topf, die Portion Fritten mit Mayo daneben.

ASIABOX

JAPANISCHE NUDELN

4 Personen · ratzfatz · ~~noch mal halblang~~ · ~~eine lange Geschichte~~

250 g Ramennudeln, getrocknet
1 Zwiebel
4 Weißkohlblätter
3 EL Sonnenblumenöl
4 EL Tonkatsu-Sauce (Bulldog Vegetable Sauce)
4 Eier
Sojasauce
Chiu Chow Chili (siehe S. 90)
getrocknete und gesalzene Nori-Algen-Chips
Salz

Die Nudeln nach Packungsanleitung kochen und abgießen. Die Zwiebel schälen, halbieren und in dünne Ringe schneiden. Die Weißkohlblätter waschen und in ca. 5 mm dicke Streifen schneiden.

In einem Wok das Öl erhitzen und die Nudeln darin 2 Minuten lang anbraten. Die Zwiebeln und den Weißkohl dazu geben und weitere 3 Minuten braten. Die Tonkatsu-Sauce dazugeben. Mit Sojasauce und dem Chili abschmecken. Wok beiseitestellen. In einer extra Pfanne die 4 Eier zu Spiegeleiern braten und etwas salzen. Die Nudeln auf die Teller verteilen, je ein Spiegelei darauflegen und mit den Nori-Algen bestreuen.

TEENAGE MUTANT NINJA CAKE

KLASSISCH PIZZA

2 Bleche · ~~ratzfatz~~ · ~~mach mal halblang~~ · eine lange Geschichte

TEIG
500 g Mehl
20 g frische Hefe
300 ml lauwarmes Wasser
3 EL Olivenöl
2 TL Zucker
1 Prise Salz

Das Mehl in eine Schüssel geben und in der Mitte eine Mulde formen. Ungefähr 100 ml Wasser in die Mulde geben und die Hefe hineinbröckeln. Zucker und Salz hinzufügen und mit Wasser und Hefe in der Mulde vermischen. Nun für 15 Minuten an einem warmen Ort bedeckt ruhen lassen. Danach sollten Bläschen auf der Wasseroberfläche sichtbar sein. Nun das Olivenöl und nach und nach auch das restliche Wasser dazugießen.

Am leichtesten fällt das Kneten mit den Knethaken des Küchenmixers. Es geht aber natürlich auch mit der Hand: Dafür einfach alles in der Schüssel vermischen und dann auf eine saubere Holzfläche etwas Mehl geben. Die leicht feuchte Masse nun auf die Arbeitsfläche drücken und mit dem Handballen vom Körper weg abrollen. Dann in einer kreisähnlichen Bewegung das Ende der Teigmasse aufnehmen und den Knetvorgang wiederholen.

SAUCE
300 ml passierte Tomaten
½ Zwiebel, gewürfelt
3 Knoblauchzehen, gehackt
Andere mögliche Gewürze: Oregano, Basilikum, Chilipulver, Fischsauce, ...
Salz & Pfeffer

Die Zwiebel in einem Topf in etwas Öl glasig braten. Den zerkleinerten Knoblauch hinzugeben und eine halbe Minute anbraten. Dann die passierten Tomaten hinzugeben, kurz aufkochen und für 15 Minuten bei geringer Hitze köcheln lassen. Mit Salz, Pfeffer und anderen gewünschten Gewürzen abschmecken.

BELAG

Prinzipiell mag jeder seine Pizza anders. Wichtig finde wir, dass man erstmal ein bisschen Pizzakäse auf die Soße streut, dann schön belegt und am Ende nochmal ein bisschen Käse drüberstreut. Wir hauen meist eine Mischung aus Zucchini, Auberginen, getrockneten Tomaten und Pilzen drauf. Dazu streuen wir an Käse drüber, was da ist, Mozarella, Parmesan, gerne viel. Nach dem Rausnehmen spritzen wir etwas Chili-Öl auf die Pizza, streuen dann noch Parmesan drauf und garnieren sie mit frischem Oregano, Basilikum oder Rucola.

PFANNENPIZZA

Für die Pfannenpizza ungefähr ¼ der Teigmenge mit ein bisschen Olivenöl kneten und danach etwas dicker und kreisförmig ausrollen. Den Teig dann in einer Pfanne von einer Seite anbraten, sobald diese goldbraun ist, wenden und anfangen zu belegen. Danach entweder mit der Pfanne (wenn diese in den Ofen darf) oder auf einem Rost mit Backpapier bei Umluft und 200 °C in den Ofen schieben und 10-15 Minuten backen.

LIFE's BLOOD

TOMATENSUPPE MIT APFEL UND INGWER

Die Zwiebeln mit etwas Öl in einem Topf bei mittlerer Hitze goldbraun braten. Die Tomaten mit dem Knoblauch zu den Zwiebeln in den Topf geben, kurz anschwitzen. Die Hitze reduzieren, die Äpfel und den Ingwer in die Suppe geben und diese dann bei geschlossenem Deckel ca. 30 Minuten köcheln lassen. Jetzt den Rosmarin in die Suppe geben und die Tomatensuppe mixen, sodass keine Stücke mehr darin sind. Solltest du keinen guten Mixer zuhause haben, püriere die Suppe mit dem Stabmixer und passiere sie durch ein Sieb ab. Danach alles mit Gemüsebrühe-Würzmischung, Zitronensaft, Salz und Pfeffer abschmecken. Die Suppe im Teller mit Basilikum und etwas Crème fraîche garnieren.

2 Zwiebeln, gewürfelt
2,5 kg Tomaten, geachtelt
4 Knoblauchzehen, gehackt
2 Äpfel, gewürfelt
30 g Ingwer, fein gehackt
Olivenöl
frischer Basilikum
2 Zweige Rosmarin, gezupft und fein gehackt
Gemüsebrühe-Würzmischung
1 Zitrone
Crème fraîche
Salz & Pfeffer

4 Teller · ~~ratzfatz~~ · mach mal halblang · ~~eine lange Geschichte~~

GOLD & BUTTER

RISOTTO

4 Personen · ~~ratzfatz~~ · mach mal halblang · ~~eine lange Geschichte~~

50 g Butter
1 Schalotte, fein gewürfelt
400 g frische Champignons oder Steinpilze
300 g Risotto-Reis
2 Knoblauchzehen, fein gehackt
500 ml Weißwein, trocken
700 ml Hühnerbrühe
1 EL italienische Kräuter oder frische Kräuter nach Belieben
75 g Parmesan, gerieben
2 Stangen Frühlingslauch
Salz & Pfeffer

Einen Esslöffel Butter in einem Topf auf mittlerer Hitze schmelzen. Die Schalotten mit den in Scheiben geschnittenen Pilzen für 5 Minuten darin braten.

Den Risotto-Reis und den Knoblauch dazu geben, für eine Minute weiter braten. Nun abwechselnd einen Schuss Weißwein und eine Kelle Hühnerbrühe dazu geben. Diesen Vorgang jedes Mal wiederholen, sobald kaum mehr Flüssigkeit im Topf ist. Während die Flüssigkeit verkocht ständig umrühren. Sobald die Brühe und der Wein komplett verkocht sind, die restliche Butter und den Parmesan dazu geben. Das Risotto mit Salz und Pfeffer abschmecken. Zum Servieren den Frühlingslauch in dünne Ringe schneiden und das Risotto damit garnieren.

Mit selbst gefundenen Pilzen aus dem Wald schmeckt es natürlich noch besser!

PESTO A LA SICARIO

TORTELLINISALAT

4 Personen · ratzfatz · ~~mach mal halblang~~ · ~~eine lange Geschichte~~

800g Tortellini mit Käsefüllung aus dem Kühlregal
250g Mozarella, gewürfelt
500g Cocktailtomaten, geviertelt
50g Rucola, grob zerkleinert

PESTO

180g getrocknete Tomaten, eingelegt, grob gehackt
80g Parmesan, gerieben
80g Cashewnüsse, grob gehackt
15g Basilikumblätter, grob gehackt
1 EL Oregano
3 Knoblauchzehen, gehackt
Olivenöl oder das Öl der eingelegten Tomaten
Salz & Pfeffer

Die Tortellini nach Anleitung kochen, in eine große Schüssel geben und abkühlen lassen. Vor dem Servieren mit dem Mozarella, den Cocktailtomaten und der Rucola vermengen.

Für das Pesto alle Zutaten mit einem Stabmixer oder einer Küchenmaschine pürieren. Dann Öl beigeben, bis eine cremige Masse entsteht. Mit Salz und Pfeffer abschmecken.

Bei diesem Gericht lohnen sich gute Tortellini, also ruhig die etwas teureren aus der Kühltheke kaufen. Auch den Fleischliebhabern unter uns schmecken die Käsetortellini in diesem Gericht besser.

Pesto: Ist easy, schmeckt easy.
→ hält sich easy. Easy.

SNIPE

COCKTAILS

RED WINE OVER FED TIME

MOJITO

In einem Glas den Limettensaft mit dem Zuckersirup verrühren. Minze und Himbeeren dazugeben, diese mit einem Stößel andrücken. Eiswürfel ins Glas, Rum reinschütten, umrühren und mit Soda auffüllen.

½ Limette, davon den Saft
2 cl Zuckersirup
8 Himbeeren
2 Zweige Minze
6 cl Rum, weiß
Soda
Eiswürfel

WHISKY SOUR

Alle Zutaten mit etwas Eis in einen Shaker geben, gut shaken und danach in ein passendes Glas mit zwei großen Eiswürfeln schütten.

Falls ihr keinen Rohrzuckersirup habt, mischt einfach Rohrzucker mit Wasser eins zu eins und kocht es auf, sodass sich der Zucker komplett auflöst. Nach dem Abkühlen habt ihr den Sirup.

4 cl Black Bottle Scotch Whisky
1½ cl Talisker Storm Whisky
1 Spritzer Angostura
3 cl frischer Zitronensaft
2 cl Rohrzuckersirup
Eiswürfel

FUSION-MSEMEN

MAROKKANISCHE PFANNKUCHEN

4 Personen · ~~ratzfatz~~ · ~~mach mal halblang~~ · eine lange Geschichte

TEIG

400 g Mehl
200 g feiner Gries
10 g frische Hefe
300 ml warmes Wasser
2 TL Salz
2 TL Zucker

ZUM VERARBEITEN

100 ml Pflanzenöl
100 g Gries
175 g zimmerwarme Butter

ZUM BELEGEN

150 g Feldsalat
400 g weicher Ziegenkäse in ½ cm dicke Taler geschnitten
Wolfram Berge Feigensenf
Flüssighonig
1 Birne, in kleine Schnipsel geschnitten
Walnüsse

Die Hefe zuerst mit dem Zucker in 2 Esslöffel warmem Wasser lösen. Danach zusammen mit dem Mehl, Gries, Salz und dem restlichen Wasser in einer großen Schüssel zu einem geschmeidigen Teig vermischen. Danach geht's ans Kneten: entweder die Küchenmaschine arbeiten lassen oder eine Arbeitsfläche bemehlen und dann so lange kneten (ca. 20 Minuten), bis der Teig glatt ist. Er sollte dann nicht mehr an der Arbeitsfläche kleben bleiben! Nun die Zutaten zum Verarbeiten jeweils in eine Schüssel geben. Die Hände ins Öl tunken und nach und nach limettengroße Kugeln formen. Die Kugeln an einem warmen Ort zugedeckt 15 Minuten gehen lassen.

Jetzt die Kugeln auf einer sauberen Arbeitsfläche mit den Händen kreisförmig flach drücken, bis der Teig hauchdünn ist. Falls Löcher entstehen: is mir egal (RIP Kazim)! Jetzt die Oberseite mit Butter reichlich einfetten und mit etwas Gries bestreuen. Nun den Teig so wie einen Brief in Drittel falten und dabei nach jedem Falten mit Butter bestreichen und Gries drüberstreuen: Zuerst die linke und die rechte Seite so nach innen falten, dass sie überlappen. Danach genauso den oberen und unteren Teigrand weiterfalten, sodass am Ende ein Quadrat oder ein Rechteck oder eine andere geometrische Form deiner Wahl entsteht, aber am besten ein Rechteck. Die ganzen kleinen Pakete auf einem geölten Teller zwischenlagern und in einer

Pfanne etwas Öl bei mittlerer Temperatur erhitzen. Dann das erste Teigpaket auf der Arbeitsfläche behutsam auf die doppelte Größe flachdrücken. Nun den Teigfladen unter mehrmaligem Wenden schön goldbraun braten und dabei ruhig nochmal mit dem Pfannenwender flach drücken.

Unsere Variante: Feldsalat auf den Msemen packen und in einer Pfanne die Ziegenkäsetaler ohne Öl anbraten. Die Taler danach auf dem Salat verteilen und mit Feigensenf bestreichen. Jetzt noch flüssigen Honig drüberträufeln. Vorsicht: nicht zu wenig Honig benutzen! Am Ende noch Walnüsse und ein paar Birnenschnipsel drüberstreuen und fertig ist Fusion-Msemen.

FAMILY STYLE

Denk dir, du sitzt mit einer Gruppe, in einer kleinen Gasse, in einer kleinen chinesischen Stadt – nur ein paar Millionen Menschen leben hier – an einem Tisch auf Plastikhockern. Und jetzt wird aufgefahren: in der Mitte der Reis, rundherum verschiedenste Sachen. Oder du bist in Thailand. Es ist jetzt ein bisschen wärmer, hohe Luftfeuchtigkeit, oder es ist in Indonesien, wo dir zusätzlich noch das scharfe Sambal Oelek den Schweiß ins Gesicht treibt. Oder du denkst dir, du willst so ein Gefühl einfach heute Abend in Memmingen oder Offenbach am Main erleben. Alles, was es dafür braucht, ist eine ordentliche Portion Reis und dazu 3 oder 4 der nachfolgenden Gerichte. Am besten kocht man gleich mit ein paar Personen. Jeder macht ein Gericht, und wenn ihr viele Leute seid, dann macht einfach noch jemand einen Nachtisch. Am Ende kommt alles zusammen auf den Tisch. Und man füllt sich auf den Teller, worauf man eben Lust hat.

POKE ZWEIPUNKTNULL

SCHMECKT WIEDER MAL LECKER

4 Personen · ratzfatz · ~~noch mal halblang~~ · ~~eine lange Geschichte~~

4 EL helle Sojasauce
2 EL Sesamöl
1 EL brauner Zucker
1 Limette
30 g Ingwer, gehackt
½ rote Zwiebel, gewürfelt
2 Stangen Frühlingszwiebeln, in Ringe geschnitten
500 g gelber Rettich, eingelegt, in 1 cm Würfel geschnitten
Togarashi-Pulver oder Chilipulver
½ Bund Koriander, gehackt
Sesamkerne, geröstet

EINGELEGTER RETTICH

500 g Daikon-Rettich, geschält
350 ml Wasser
350 ml Reisessig
100 g Zucker
15 g Salz
2 Knoblauchzehen, der Länge nach halbiert
1 TL Kurkuma
16 ganze Pfefferkörner
2 Lorbeerblätter

Bei diesem Gericht alles bis auf den Rettich besonders fein schneiden. Dünne Ringe, kleine Würfel…

Die Sojasauce, das Sesamöl, den braunen Zucker und den Saft einer Limette in einer Schüssel verrühren. Ingwer, Zwiebel, Frühlingszwiebeln und Rettich beigeben und vermischen. Etwas Togarashi-Pulver, den Koriander und eine Handvoll Sesamkerne drüberstreuen.

RETTICH EINLEGEN

Das vegetarische Poke ist unser „Signature Dish“. Den gelben Rettich könnt ihr im Asialaden oder im Internet kaufen. Oder ihr legt ihn einfach selbst ein. Das ist gar nicht schwer. Den Daikon-Rettich in 1 x 1 cm große Würfel schneiden. Dann alle Zutaten, bis auf den Rettich, in einem Topf aufkochen. Sobald sich der Zucker komplett im Wasser gelöst hat, den Topf vom Herd nehmen und den Daikon-Rettich dazugeben. Alles abkühlen lassen und für zwei Stunden ziehen lassen.

POKE EINSKOMMANULL

HAWAIIANISCHER THUNFISCHSALAT

4 Personen · ~~ratzfatz~~ · mach mal halblang · ~~eine lange Geschichte~~

4 EL helle Sojasauce
2 EL Sesamöl
1 EL brauner Zucker
30 g Ingwer, gehackt
½ rote Zwiebel, gewürfelt
2 Stangen Frühlingszwiebeln, in Ringe geschnitten
400 g Thunfisch, in 1 cm Würfel geschnitten
½ Bund Koriander, gehackt
Sesamkerne, geröstet
Togarashi-Pulver oder Chilipulver

Bei diesem Gericht alles bis auf den Thunfisch besonders fein schneiden. Dünne Ringe, kleine Würfel…

Die Sojasauce, das Sesamöl und den braunen Zucker in einer Schüssel, die in euer Gefrierfach passt, verrühren. Ingwer, Zwiebel, Frühlingszwiebeln und Thunfisch beigeben und vermischen. Nun die Schüssel für 60 Minuten in die Eisbox packen, also in den Gefrierschrank. Danach holt ihr sie aus dem Gefrierfach und streut etwas Togarashi-Pulver und den Koriander drüber. Abgerundet wird das ganze jetzt mit einer Handvoll Sesam, am besten leicht angeröstet in einer Pfanne ohne Öl.

Wenn ihr Fisch roh esst, dann solltet ihr unbedingt auf die Qualität achten! Einfach beim Fischhändler nachfragen, der Thunfisch sollte Sashimi-Qualität haben.

DROPPED

LIKE IT WAS HOT

8 große rote Chilis
2 EL Salz
6 Knoblauchzehen, gehackt
50 g fermentierte schwarze Sojabohnen
300 ml Sonnenblumenöl
100 g Chiliflocken
1 TL Zucker
2 EL Sojasauce

CHIU CHOW CHILI

Die frischen Chilis in dünne Ringe schneiden. In einem Mörser mit dem Salz zu einer Paste zerreiben. Den Knoblauch und die Sojabohnen mit 200 ml Sonnenblumenöl in einer Pfanne bei niedriger Hitze rösten, bis sie goldbraun sind. Das sollte ca. 10 Minuten dauern. Die Chilipaste dazu geben, kurz mitbraten. Danach die Chiliflocken, den Zucker und die Sojasauce dazugeben. 2 Minuten weiter rösten. Danach das restliche Öl hinzufügen, gut durchrühren und das nun fertige Chiu Chow Chili in ein Weckglas geben, abkühlen lassen und bei Bedarf mit Salz nachschmecken.

40 g getrocknete rote Chilis, entkernt und gehackt
½ EL Kreuzkümmel
½ TL Paprikapulver
¼ TL Salz
½ EL Koriandergrün, gehackt
½ EL Petersilie, gehackt
1 Knoblauchzehe, gehackt
60 ml Olivenöl
2 EL Zitronensaft
1 TL Zucker

HARISSA

Die Chilis in eine Schale geben und mit kochendem Wasser bedecken. Danach mit einem Teller abdecken und für eine Stunde einweichen. Anschließend die Chilischoten abtropfen lassen. Dafür kann man die Chilis in ein Küchenpapier packen und dann auswringen. Alles in ein Gefäß geben und glatt mixen. Anschließend abschmecken und in ein Schraubglas füllen. Gekühlt hält sich die Harissa einen Monat.

Passt hervorragend zu Couscous oder Shakshuka!

BEEF MIT STEVE

THAILÄNDISCHER RINDFLEISCHSALAT

4 Personen · ratzfatz · ~~mach mal halblang~~ · ~~eine lange Geschichte~~

300 g Entrecôte
200 g Cherry-Tomaten
⅓ Bund Basilikum
⅓ Bund Koriander
100 g rote Zwiebeln
½ Gurke
1 große Karotte
1–2 rote Chilis
1 Stange Staudensellerie
4 EL Fischsauce
2 EL Sojasauce
2–3 EL brauner Zucker
2 EL Chiu Chow Chili (siehe S. 90)
1 Limette

Das Entrecôte gut salzen und in einer sehr heißen Pfanne mit etwas Öl gut anbraten. Danach bei ca. 100 °C 6 Minuten bei Ober-/Unterhitze im Ofen weiter garen (natürlich je nach gewünschtem Gargrad abweichen). Sobald das Fleisch den gewünschten Gargrad erreicht hat, bei ca. 50 °C im Ofen warmhalten.

Für das Dressing die Fischsauce, Sojasauce, den braunen Zucker, den Saft der Limette und Chiu Chow Chili in eurer Dressingschüssel vermengen und beiseitestellen. Die Schalotten in sehr dünne Ringe schneiden und in eine Schüssel geben. Das restliche Gemüse waschen, fein schneiden und zu den Schalotten geben – vor allem der Staudensellerie sollte in hauchdünne Scheiben geschnitten werden. Die Kräuter klein hacken und ebenfalls dazugeben. Anschließend das Fleisch in kleine Stücke schneiden und mit dem Gemüse vermischen. Zu guter Letzt alles mit dem Dressing marinieren.

Am besten schmeckt das Gericht, wenn es noch lauwarm ist und zusammen mit Reis gegessen wird.

INGWERTEE

INGWERTEE

10 Tassen · ratzfatz · ~~noch mal halblang~~ · ~~eine lange Geschichte~~

2 l Wasser
100 g Ingwer
4 Orangen
2 Stängel Zitronengras
750 ml Lemon Squash

LEMON SQUASH
500 ml Wasser
500 g Zucker
400 ml frischer Zitronensaft

Den Ingwer waschen, in dünne Scheiben schneiden und mit 2 Liter Wasser aufkochen. In der Zwischenzeit die Orangen achteln und das Zitronengras halbieren. Sobald das Ingwerwasser kocht, den Herd ausschalten und die Orangen und das Zitronengras dazugeben. Alles 10 Minuten ziehen lassen, danach den Lemon Squash hinzufügen und mit Zucker abschmecken.

LEMON SQUASH

Wasser mit Zucker aufkochen, wieder abkühlen lassen. Den Zitronensaft dazugeben, fertig.

Der Ingwertee schmeckt heiß oder kalt!

Playlist

BY HOMEGROWN MUSIC

Die passende Musikauswahl ist essenziell für einen gelungenen Abend mit den Freundinnen und Freunden, Homies, Dates, Gott, Unbekannten. Wir haben ein Jahr lang Lautstärken und Soundlandschaften an verschiedensten Menschen getestet: Hier unsere Erkenntnisse.

LAUTSTÄRKE
Richtig laut darf die Musik nur in der heißen Phase des Kochens und beim Abwasch sein. Und wenn die Gäste um Mitternacht immer lauter werden, du aber eigentlich ins Bett willst, dann ruhig aufdrehen, bis die Polizei kommt und die Gäste für dich nach Hause schickt.

SOUNDAUSWAHL
Es gibt nur einen Künstler, der wirklich zu jeder Zeit und Stimmung passt: Young Thug. Dessen Musik könnt ihr also beim Gemüse schnippeln genauso abspielen, wie beim Abspülen. Falls irgendwelche Gäste das anders sehen, dann zeig ihnen einfach, wo es nach draußen geht. Young Thug ist perfekt!

Ansonsten gilt: Haftbefehl ist eher was für den Abwasch oder die heiße Phase des Kochens, gleiches gilt für Melodic Death Core und harte Housemusik. James Blunt passt gut zum Dinner, wenn in der Küche was schiefgegangen ist. Die Leute werden sich nicht mehr für das Essen interessieren, weil sie sich über James Blunt erregen werden. Falls deine beste Freundin da ist, dann spiel euren Song, den ganzen Abend. Falls das andere Gäste nervt, dann genieß ihn noch mehr. Wenn du intellektuell wirken willst, dann spiel die Goldberg-Variationen von Glenn Gould und hör auf, dich mit Gästen zu unterhalten oder zu kochen oder zu essen. Alle werden das respektieren.

YOUNG THUG EFFECT

MAPO TOFU

1NS VEGANES GERICHT VONG NICEIGKEIT HER

4 Personen · ~~ratzfatz~~ · mach mal halblang · ~~eine lange Geschichte~~

300 g Seidentofu
2 EL Erdnussöl
250 g Schweinehackfleisch
40 g Ingwer, in dünnen Streifen
2 Knoblauchzehen, gehackt
1 TL schwarze Bohnenpaste
60 ml Shao-Xing-Wein
2 TL dunkle Sojasauce
1 TL brauner Zucker
250 ml Wasser
½ TL Szechuanpfeffer
Salz
1 große Chilischote, in Ringen

CHILIPASTE

1 große rote Chilischote
1 TL Meersalz
1 TL getrocknete Chiliflocken
½ TL Szechuanpfeffer
1 EL Pflanzenöl

Für die Chilipaste die Chilischote entkernen und danach fein hacken. Die gehackte Chili mit dem Salz, Chiliflocken und Szechuanpfeffer in einem Mörser zu einer groben Paste reiben und danach in einer Schüssel mit dem Öl vermischen und beiseitestellen. Wenn kein Mörser vorhanden ist, die entkernte Chili mit dem Szechuanpfeffer und den Chiliflocken vorsichtig hacken und danach mit dem Salz und dem Öl vermengen.

Den Tofu in 2 x 2 cm große Würfel schneiden. In einem Wok das Öl erhitzen, dann das Fleisch hinzufügen und unter Rühren 3 Minuten anbraten, dann aus der Pfanne nehmen und beiseitestellen.

Jetzt die Chilipaste, den Ingwer, den Knoblauch und die schwarze Bohnenpaste in den Wok geben und bei geringer Hitze unter Rühren 2 Minuten anbraten. Das Schweinefleisch und den Wein hinzugeben und nach einer weiteren Minute Sojasauce und Zucker beigeben und weiterrühren. Nach 1 Minute das Wasser hinzugießen und bei starker Hitze zum Kochen bringen. Jetzt die Hitze reduzieren, sodass es köchelt und den Tofu beigeben. Mit Deckel für 3 Minuten köcheln lassen. Dann alles in eine Schüssel geben und mit Szechuanpfeffer und Salz bestreuen.

PURPLE WEDDING

AUBERGINEN

4 Personen · ~~ratzfatz~~ · mach mal halblang · ~~eine lange Geschichte~~

3 Auberginen
250 ml Pflanzenöl
3 EL Sesamöl
Chiu Chow Chili (siehe S. 90)
Salz

Die Auberginen in 1½ cm dicke Scheiben schneiden. Auf einem großen Teller verteilen und mit Salz bestreuen. Nach 15 Minuten mit einem Küchenkrepp abtupfen, umdrehen und die andere Seite ebenfalls mit Salz bestreuen. Nach 15 Minuten wiederum mit Küchenkrepp abtrocknen. Jetzt in einer Pfanne das Öl erhitzen. Es ist heiß genug, wenn sich am Stiel eines Kochlöffels Blasen bilden.

Nun die Auberginen im Öl frittieren. So wenden, dass beide Seiten goldbraun sind. Mit Chiu Chow Chili servieren.

COQ AL FUEGO

HAHN ALLES FEUER

Die Hähnchenbrust in 1 cm große Würfel schneiden. Shao-Xing-Wein mit der Maisstärke verrühren, in einer Schüssel mit dem Hähnchen vermischen. Die Chilischoten in einem Wok mit dem Öl bei mittlerer Hitze bräunen. Nach ca. 2 Minuten die Chilis herausnehmen. Die Hitze erhöhen, das Hähnchen dazu geben und 4 Minuten braten.

Die Chilis, den Knoblauch und den Ingwer dazugeben und unter Rühren 30 Sekunden weiterbraten. Den Zucker hinzufügen und 30 Sekunden weiterbraten. Sojasauce, Erdnüsse und Essig beimischen und 1 Minute weiterbraten. Mit Salz und Szechuanpfeffer würzen und sofort mit Reis servieren.

600 g Hähnchenbrust
3 EL Shao-Xing-Wein
3 EL Maisstärke
4 EL Erdnussöl
12 kleine, getrocknete Chilischoten
1 Stück Ingwer, 4 cm groß, fein geschnitten
1 Knoblauchzehe, gehackt
1 EL brauner Zucker
50 g geröstete, ungesalzene Erdnüsse
2 EL helle Sojasauce
1½ EL chinesischer schwarzer Essig
1 TL Salz
1 TL Szechuanpfeffer

4 Personen · ratzfatz · ~~mach mal halblang~~ · ~~eine lange Geschichte~~

Szechuanpfeffer haben wir alle probiert, außer Christian, der hat sich nicht getraut.

DESSERTS

Milch und Honig, schöner Schokoüberzug, butterweich, knusprig und kalt, eine leichte Note sauer. Desserts können so gut sein und ich verstehe Desserts eigentlich nur, weil ich mit einer echten Kennerin zusammenleben darf: Laura kann immer noch nen Nachtisch essen. Das erscheint mir ein wirkliches Talent zu sein. Und vor allem ist es ansteckend. Wenn ich mit ihr esse, dann kann ich plötzlich auch noch ein Stück von ihrem tollen Schokokuchen essen (der definitiv nicht Camel-Kuchen sondern Gâteau Virginie heißt). Dank ihr sind meine Mahlzeiten so oft um ca. 5-9 Zutaten reicher. Wie wichtig das Süße ist, das spiegelt sich ja auch in der Sprache wider, ist sehr obvious, ich nenn dich Süße oder Zucker und erweitere das im nächsten Jahr, nenn dich dann Mamas Tiramisu oder Harcha. Was sagst du, Süße, Baqlawa bei Fatima holen oder einen Lollipop aus dem Süßwarenladen in der Stresemannstraße?

MAMAS TIRAMISU

LECKER

Die Eier trennen. Das Eigelb mit dem Zucker schaumig rühren, danach den Mascarpone dazugeben. Das Eiweiß zu Eischnee schlagen und unter die Eigelb-Mascarpone-Masse heben.

Nun eine passende Form für das Tiramisu bereitstellen. In einer zweiten Schüssel den Amaretto mit dem Kaffee mischen. Die Löffelbiskuits nun einzeln kurz im Kaffee wenden und danach den Boden der Tiramisuform damit auslegen. Anschließend die Hälfte der Mascarpone-Masse darüber verteilen und glattstreichen. Darauf kommt dann zuerst wieder eine Schicht in Kaffee getunkter Löffelbiskuits und obenauf noch eine zweite Mascarpone-Schicht mit dem Rest der Masse.

Das Tiramisu muss jetzt noch ziehen. Dafür einfach mit einer Folie abdecken und in den Kühlschrank stellen, idealerweise für 3 Stunden. Das Tiramisu dann vor dem Servieren mit Kakaopulver bestreuen.

2 Eier
1 EL Zucker
250 g Mascarpone
1 Pck. Löffelbiskuits (400 g)
2 Tassen starken Kaffee
50 ml Amaretto
Kakao zum Bepudern

6 Personen · ratzfatz · ~~mach mal halblang~~ · ~~eine lange Geschichte~~

muss ziehen

HARCHA MIT EIS UND GRANATAPFEL

HARCHA IST AUS GRIESS

10 kleine Harchas · ~~ratzfatz~~ · mach mal halblang · ~~eine lange Geschichte~~

HARCHA

250 g feiner Grieß
½ TL Salz
2 EL Zucker
1 Pck. Backpulver (8 g)
1 Pck. Vanillezucker
100 g Butter
150 ml Milch

TOPPING

50 g Butter
Vanilleeis
Kerne von einem Granatapfel
Minzeblätter
20 g Pistazien- oder Pinienkerne

Für die Harchas einfach Grieß, Salz, Zucker, Backpulver und Vanillezucker in einer Schüssel mischen. Die Butter in einem Topf schmelzen und unter die Grießmasse mischen. Nach und nach Milch beigeben und alles langsam verrühren, bis ein glatter Teig entsteht.

Aus der Teigmasse vier gleich große Kugeln formen. Diese nun flach drücken, sodass man 1 cm dicke Kekse mit ca. 5 cm Durchmesser hat. Die Harchas in einer beschichteten Pfanne von beiden Seiten goldgelb anbraten.

Der Nachtisch ist sehr einfach: Man schmelzt zuerst die Butter. Dann legt man ein Harcha auf einen Teller und platziert darauf eine Kugel Vanilleeis. Anschließend gießt man etwas von der geschmolzenen Butter drüber und wirft die Minzblätter, Granatapfelkerne und optional noch Pistazien- oder Pinienkerne liebevoll auf Eis und Teller.

GÂTEAU VIRGINIE

SCHOKOKUCHEN

1 Kuchen · ~~ratzfatz~~ · mach mal halblang · ~~eine lange Geschichte~~

6 Eier
250 g Zucker
250 g Blockschokolade, im Wasserbad geschmolzen (oder in der Mikrowelle) (oder wie auch immer)
125 g Butter
2 (Oma) bis 4 (Mami) gehäufte Esslöffel Mehl
Kuvertüre nach Belieben

Zuerst trennt man die Eier, schlägt das Eiweiß zu Eischnee und packt ihn in den Kühlschrank. Als nächstes Eigelb und Zucker schaumig schlagen, Schokolade, Butter und Mehl dazu. Zu guter Letzt den Eischnee unterheben, alles in eine gebutterte und bemehlte, normalgroße Kuchenform füllen (Kasten- oder Springform) und bei 175 °C Ober-/Unterhitze 45-55 Minuten backen.

Laut Originalrezept, das meine Oma aus ihrem Frankreichjahr mitgebracht hat, kommen in den Kuchen nur 2 Esslöffel Mehl. Er ist dann ziemlich matschig, aber der Wahnsinn. Es soll ja Leute geben, die das nicht mögen. Denen empfehle ich mehr Mehl. Ihr habt dann trotzdem noch den besten Schokoladenkuchen der Welt vor euch. Das meine ich übrigens todernst, in meinen 25 Lebensjahren habe ich verdammt viele verschiedene Schokoladenkuchen gegessen und keinen gefunden, der auch nur annähernd an den von meiner Oma herankommt. Aber ich bin offen für Überraschungen, wenn du ein besseres Rezept hast, schreib doch bitte an die Autoren, die sollen es an mich weiterleiten. Du fühlst dich angesprochen? Vergiss es, mein Kuchen ist unschlagbar!

–Laura

ice zeit

46 Grad im Schatten. Ich brauch Eis, in meinen Drink gewürfelt.
Eis in der Waffel, was zitroniges, fresh, Limette oder Himbeere,
Waffel, in der Waffel? Was für ne Frage, einen an der Waffel?
Ich zieh gleich ne Waffe, aber nee, ein Drink mit Eis -
kühlt Gemüter. Nicht nur mein Gemüt. Alle Gemüter.

Der Eismann mit kühlem Kopf: stellt keine blöden Fragen mehr.
Meer, natürlich hätte ich jetzt auch gerne ein Meer.
Aber das Planschbecken mit eiskaltem Wasser. Kompromiss.
Eiskaltes Bier am Eisbach. Abkühlen, Tramrunde, aufpassen,
Wellenreiter.

Alle im Sommer, Sportler, Barfrauen,
Banker ohne Grenzen, Dealer.
An Eisdielen. Supermarkt, Eisdealer.

Nachher noch ne Runde Dominos?
Ne, lass mal lieber noch ne Packung Eis kaufen,
keinen Bock auf Pizza.

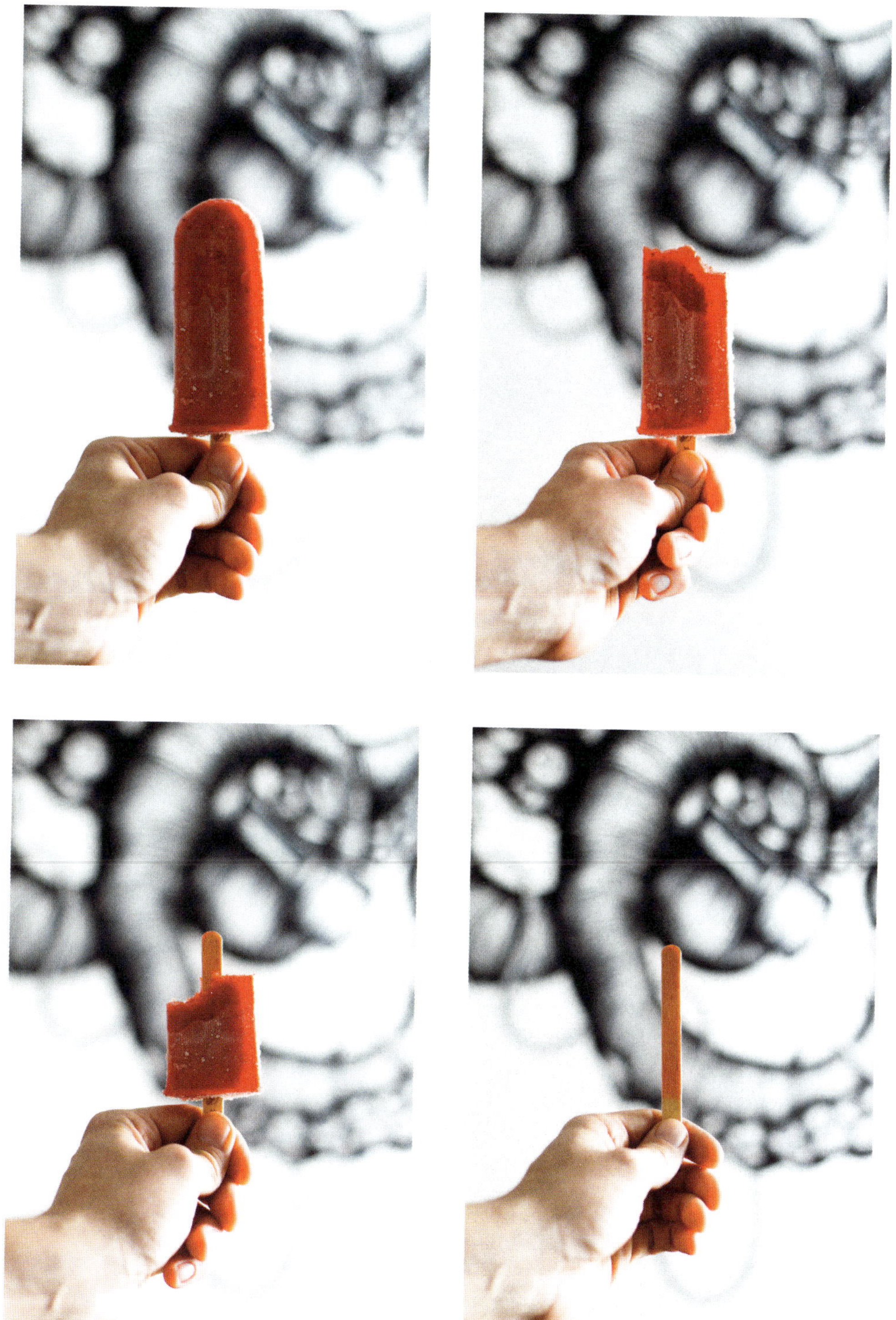

GRANATAPFELMINZEIS

Wasser, Zucker und Glukosesirup aufkochen. Wenn die drei Zutaten einmal gekocht haben, den Granatapfel dazugeben und bei niedriger Hitze köcheln lassen. Nach 5 Minuten den Topf vom Herd nehmen, die Minze hinzufügen und komplett abkühlen lassen. Sobald die Masse kalt ist, diese einmal gut mixen und danach abpassieren. Das Eis nach der Gebrauchsanweisung eurer Eismaschine einfrieren.

300 ml Wasser
200 g Zucker
50 g Glukosesirup
500 g Granatapfelkerne
60 g Minze
Eismaschine benötigt

HIMBEERPASSIONSFRUCHTEIS

Wasser, Zucker und Glukosesirup aufkochen. Wenn die drei Zutaten einmal gekocht haben, die gefrorenen Himbeeren dazugeben und bei niedriger Hitze köcheln lassen. Sobald die Himbeeren aufgetaut und zerfallen sind, den Topf vom Herd nehmen und komplett abkühlen lassen. Sobald die Masse kalt ist, einmal gut mixen und danach abpassieren. Jetzt die Passionsfruchtkerne dazugeben und alles verrühren, sodass die Kerne gut im Eis verteilt sind. Und ab in die Eismaschine.

300 ml Wasser
200 g Zucker
50 g Glukosesirup
500 g gefrorene Himbeeren
60 g Passionsfruchtkerne
Eismaschine benötigt

MATCHAEIS

In einer Schüssel die Sahne und den Matcha-Tee steifschlagen. Eigelb mit dem Zucker schaumig schlagen. Die Milch bei mittlerer Hitze aufkochen und unter ständigem Rühren in die Eigelb-Zucker-Mischung geben. Sobald die Masse etwas abgekühlt ist, die Matchasahne unterheben. So, jetzt nur noch die Eismasse in die Eismaschine geben. Cold!

200 ml Schlagsahne
2 EL Matcha-Tee-Pulver
2 Eigelb
80 g Zucker
100 ml Milch
Eismaschine benötigt

THE MASTER HAS COME BACK

ALINAS MASCARPONE-CREME

4 Portionen · ratzfatz · ~~mach mal halblang~~ · ~~eine lange Geschichte~~

500 g Mascarpone
200 ml Sahne, aufgeschlagen
2 Pck. Vanillezucker
100 g Naturjoghurt
frischer Zitronensaft
500 g Obst, z. B. Erdbeeren, Mango, Himbeeren
300 g Schokomüsli

Mascarpone mit dem Joghurt und Vanillezucker verrühren und mit dem Zitronensaft abschmecken. Die geschlagene Sahne unterrühren.

Die Früchte deiner Wahl pürieren. Dann in Gläsern abwechselnd Mascarponecreme, Fruchtpüree und Schokomüsli aufschichten. Mit ein paar ganzen Früchten und Kräuterblättern garnieren.

MANDELECKEN VOM BLECH

REZEPPPPT À LA JUTTA

Für den Mürbeteigboden Butter, Zucker, Vanillezucker und Eier mit Mehl und Backpulver vermengen, bis der Teig nicht mehr klebt. Ein Schuss Mineralwasser macht den Teig schön geschmeidig. Den Teig auf einem Backblech formfüllend ausrollen.

Für den Belag die Butter im Topf schmelzen lassen, Zucker, Wasser und gemahlene Mandeln hinzufügen und alles gut verrühren. Wenn der Belag zu fest gerät, einfach etwas Wasser hinzugeben, sodass er dann gut auf dem Blech verstrichen werden kann. Den Boden mit 4 Esslöffeln Aprikosenmarmelade bestreichen, darauf gleichmäßig die süße Mandelmasse verteilen und das ganze bei 170 °C Umluft ca. 30 Minuten backen. Den fertigen Blechkuchen noch warm in Ecken schneiden, abkühlen lassen und am besten am Tag darauf mit Zartbitter-Kuvertüre bepinseln. Es empfiehlt sich nämlich, die Ecken 1-2 Tage vor dem geplanten Genuss zu backen. Sie ziehen dann – an einem kühlen Ort mit Alufolie umwickelt – gut durch, sind besonders mürbe und schmecken am besten!

FÜR DEN BODEN

130 g Butter
130 g Zucker
2 Päckchen Vanillezucker
2 Eier
300 g Mehl
1 TL Backpulver
1 Schuss Mineralwasser

FÜR DEN BELAG

200 g Butter
200 g Zucker
2 Päckchen Vanillezucker
4 EL warmes Wasser
400 g gemahlene Mandeln
4 EL Aprikosenmarmelade
400 g Kuvertüre Zartbitter

Viele Mandelecken · ~~ratzfatz~~ · ~~mach mal halblang~~ · eine lange Geschichte

Die Mandelecken passen nicht nur zum nachmittäglichen Kaffee-Tee, sondern machen sich auch hervorragend an der Seite eines mitternächtlichen Espressos auf langen Festen. Besonders hierfür ist es günstig, kleinere Ecken zu schneiden, sodass nach Lust und Laune genascht werden kann.

-Nilo

MIDNIGHT

Gefahrlose Mitternachtsküche

GEFAHRLOSE MITTERNACHTSKÜCHE

Es war viel zu früh, um zu gehen: Bleib doch noch, komm schon, das wird jetzt erst richtig gut, lass uns noch ne Runde abhotten. Doch jetzt öffne ich die Haustür und denke mir, es ist viel zu spät, um nach Hause zu kommen. Auf dem Heimweg hatte nichts mehr offen, doch das versteht mein Magen gerade nicht, der will gefüllt werden, das Abendessen ist immerhin schon eine 8-Stunden-Schicht her. Das Beste ist natürlich ein Resteschmaus um Mitternacht: Tortellinisalat, Burritos oder Pizza. Aber falls doch noch gekocht werden muss, haben wir hier die besten Gerichte für berauschte bis nüchterne Mitternachtsköchinnen und -köche. Viele der kreativsten kulinarischen Schöpfungen passierten zwischen 2 und 5 Uhr morgens: Die Nudeln mit Champignon-Sahnesauce z. B., als Mitch die Sauce mit einem halben Päckchen Mehl andickte. Next level, das war so fortschrittlich, dass es sich in der LebDenMomentGeneration bis jetzt nicht durchsetzte.

Leftover

Ein paar übrig gebliebene Linsen (oder Reis oder Nudeln oder irgendetwas anderes kohlenhydratiges, das schon seit längerem planlos in der Küche rumliegt), ein bisschen Käserest, zum pur Essen zu alt und zum Wegschmeißen zu neu, und ein paar unzusammenhängende Obst- und/oder Gemüseüberbleibsel (frisch oder aus der Dose) – lecker! Wirklich!

Einfach die Kohlenhydrate kochen. **Plan A:** Zwiebel oder Knoblauch (falls vorhanden) anbraten, Gemüse mit in die Pfanne, Zucker dazu, mit dem letzten Schluck Wein, den sich seit einer Woche keiner mehr zu trinken traut, ablöschen und wild würzen (je weniger alles zusammen passt, desto mehr Currypulver), mit den Kohlenhydraten und dem geriebenen Käse (oder einer Dose Kokosmilch oder 2 Eiern) vermischen und falls noch Nüsse/Trockenobst/Sesam/Mandeln oder so da sind: oben drauf werfen. **Plan B:** Gekochte Carbs mit allem, was hübsch aussieht, in eine Auflaufform, eine Mischung aus etwas Milch, eventuell Ei, Brühe, Salz, Pfeffer, Senf, Kräutern, ein Schluck Wein (oder ein bisschen Balsamico) drüber kippen, Käse (oder gemahlene Mandeln mit Öl oder irgendwas anderes, was eine Kruste bilden könnte) oben drauf und bei ca. 200 °C in den Ofen, bis es fertig ist.

Plan C: Teigreste aus dem Kühlschrank von den letzten Burgern (oder man macht schnell einen) mit allem belegen, was man findet – äh Pizza ist ja wohl selbsterklärend.

Plan D – Nachspeise: D1: Drei braune Bananen mit Butter/Öl, Mehl, bisschen Zucker/andere aktuell hippe und bestimmt total gesunde Süße/Honig, bisschen Zimt, bisschen Walnuss mischen und backen. Bananenbrot. Juhu.

D2: Couscous oder Haferflocken oder ähnliches (eventuell mit Milch) kochen, mit Zucker/s.o., Mandeln, Rosinen, Äpfeln, Zimt vermischen.

BRUSCHETTA

ZU HEFTIG

Getrocknete Tomaten, Basilikumblätter, Zwiebel und Knoblauch kleinschneiden. Zusammen mit dem Käse, Salz, Pfeffer, Oregano und Olivenöl in einer Schüssel vermischen. Anschließend das Brot in Scheiben schneiden, die Zutaten auftragen und 10 Minuten im Ofen bei 200 °C knusprig backen.

Brot
getrocknete Tomaten, eingelegt
Basilikum & Oregano
geriebener Käse
Zwiebel
Knoblauch
Olivenöl
Salz & Pfeffer

TOAST HAWAII

HEISS OR NOT

Ofen auf 200 °C vorheizen. Die Toastscheiben toasten. Den Sahnekäse in einer Schüssel mit dem grünen Tabasco, Salz, Pfeffer und Zucker kräftig abschmecken. Die getoasteten Scheiben damit bestreichen, dann den Schinken und die Ananas darauflegen. Die Hawaii Toasts auf ein Backblech mit Backpapier geben und mit dem gemischten, geriebenen Käse bestreuen. Solange backen, bis der Käse geschmolzen ist.

2 Scheiben Toast
50 g Milkana Sahnekäse
grüner Tabasco
2 Scheiben Kochschinken
2 Ananasringe aus der Dose
50 g Cheddar-Käse, gerieben
50 g Gruyèrekäse, gerieben
Salz & Pfeffer

TRINK JOGHURT

WIR TUN ES AN NEM DIENSTAG – LA DOLCE VITA

AYRAN

500 g Joghurt
½ l Wasser
1 TL Salz

Den Joghurt und das Wasser mit einem Schneebesen 2 Minuten aufschlagen und danach mit Salz abschmecken. Am besten schmeckt der Ayran, wenn er jetzt noch ein oder zwei Stunden im Kühlschrank abkühlen darf.

MANGO-LASLO

500 g Joghurt
½ l Wasser
1 Mango
2 EL Zucker
1 Laslo

Die Mango schälen und das Fruchtfleisch um den Kern Stück für Stück runterschneiden. Nun die Mangostücke mit dem Joghurt pürieren und nach und nach das Wasser beigeben. Jetzt noch mit Zucker abschmecken.

SANDWICHES

SAMMICHES

1 Sandwich · ratzfatz · ~~mach mal halblang~~ · ~~eine lange Geschichte~~

~~*2 Scheiben Toastbrot*~~
~~*2 Scheiben Tomaten*~~
~~*1 Scheibe Schinken*~~
~~*5 Blätter Basilikum*~~
~~*50 g Hirtenkäse*~~
~~*2 Salatblätter*~~

Warum sollte man so ein Rezept in irgendein Buch packen? Damit zwei Seiten verschwenden, bloß weil das Foto gut aussieht? Nicht ganz. Ein Sandwich ist geil, wenn vom Toastbrot bis zur Tomate die Produkte geil sind.

Also wenn ihr mal ein paar Euro übrig habt, geht in den Feinkost- oder Bioladen und kauft euch frisch aufgeschnittenen Schinken oder Salami, gute Tomaten, Salat und Kräuter. Und vernünftigen Käse, Frischkäse und gute Butter. Vor allem ein gutes Toastbrot. Und dann baut euch eins.

WRAPS VOM BRO

WRAPS VON DER SIS

Den Knoblauch und die Chili hacken und die Zwiebel, die Paprika und den Tofu würfeln. In einer Pfanne etwas Pflanzenöl erhitzen und die Zwiebel darin anbraten, bis sie glasig ist. Dann den Knoblauch und die Chili beigeben. Nach 1-2 Minuten die Paprika und den Tofu dazuschmeißen und 10 Minuten bei mittlerer Hitze anbraten.

Derweil Tomate und Gurke fein würfeln und in einer Schüssel salzen und pfeffern. Die Wraps mit Hüttenkäse und Hummus bestreichen. Nun mit der Tofu-Paprika-Mischung, Tomate, Gurke und Spinat füllen. Eine gute Byron-Bay-Barbecuesauce rundet das Ganze ab. Roll it up und dann Hunger stillen.

1 Pck. Wraps
100 g Hüttenkäse
100 g Hummus (siehe S. 32)
Barbecuesauce
2 Knoblauchzehen
1 Chilischote
1 Zwiebel
1 Paprika
200 g Räuchertofu
1 Tomate
½ Gurke
frischer Spinat

6 Wraps · ratzfatz · ~~mach mal halblang~~ · ~~eine lange Geschichte~~

In den Wrap kann alles rein, was rumliegt. Nur der Kühlschrank setzt der Phantasie Grenzen.

EINBLICKE IN DIE WELT *der Agenten*

Manchmal lädt man Freunde einfach nur für einen entspannten Kochabend ein. Doch an anderen Abenden ist der Plan, danach noch um die Häuser zu ziehen und wie Lionel Richie die ganze Nacht einen draufzumachen, Cocktails, Bier und Wein in ungesunden Mengen zu konsumieren und verrückte Geschichten zu erleben. An solchen Abenden muss das Abendessen in erster Linie eine gute Grundlage schaffen. Auf der Suche nach Menschen, die was von einer guten Grundlage verstehen müssten, stießen wir auf Geheimagenten. Ihnen eilt bisweilen der Ruf voraus, entweder furchtlose Draufgänger, bezahlte Killermaschinen oder schlichtweg Hirngespinste von Ian Fleming zu sein. Wenn man aber mal mit ein paar von ihnen geredet hat, wird schnell klar, dass diese Jungs (Agentinnen trafen wir leider nicht an) ein bisschen wie du und ich sind. Vielleicht ist diese Einschätzung auch nur ein Versuch, diesen sehr kaputten Persönlichkeiten um jeden Preis etwas Positives abgewinnen zu wollen. Aber es gibt zumindest eine Gemeinsamkeit: Sie essen und trinken gerne.

Informanten zufolge arten Abende mit alkoholischen Getränken in diesen Kreisen regelmäßig aus. Da Agenten, anders als du und ich, paranoid genug sind, sich nur mit einer griffbereiten Waffe zu bewegen, läuft die Stimmung bei Saufgelagen schnell aus dem Ruder. Am Ende des Abends schmücken Blut- und Fettspritzer die Wände,

sodass man Fotos davon für die Dokumentation von Jackson Pollocks Kunst halten könnte. Überlebende Agenten berichteten, dass stets von Beginn an um die Wette getrunken wird. Anscheinend besteht die Ausbildung für den Berufszweig vor allem im Predigen davon, dass der Wettbewerb das geeignete Mittel für jeden Zweck ist. Deswegen wird morgens auf Zeit geduscht und abends gibt es Trinkspiele mit Regeln, die im ganzen Raum und in jeder Toilettenkabine ausgehängt sein müssen. Verlieren ist an solchen Abenden oft tödlich, deswegen stellt sich die Frage, wie sich die Beteiligten auf diese etwas anderen Geschäftstreffen vorbereiten? Laut gesicherten Roomservicerechnungen bestellen Agenten vorher zu einem normalen Essen entweder ein Paket Butter oder auch eine volle Flasche Olivenöl.

Befragten Medizinern leuchtete beides ein: Im Magen bildet sich eine Fettschicht, die dazu führt, dass die Wirkung des Alkohols langsamer einsetzt. Wenn Öl und Butter also die besten Grundlagen sind, stellt sich natürlich die Frage, ob Altbundeskanzler Kohl auch ein Agentendasein führte? Schließlich war er während seiner Amtszeit dafür bekannt, in nervenaufreibenden Besprechungen Butter in 10 Gramm Portionen zu ordern und davon ruhig auch mal ein oder zwei Dutzend zu verdrücken …

1 Affe · ratzfatz · ~~mach mal halblang~~ · ~~eine lange Geschichte~~

BANANAS IN PYJAMAS

GEBRATENE BANANEN

Bananen
Salz
Pfeffer
Chiliflocken
Honig

Die Bananen der Länge nach halbieren und in der Pfanne in Öl oder Butter anbraten, bis sie weich und gold-braun werden. Eine Prise Salz, Pfeffer, Chiliflocken und etwas Honig darüber. Fertig.

4 Personen · ratzfatz · ~~mach mal halblang~~ · ~~eine lange Geschichte~~

4 Brötchen
100 g Fetakäse
500 g Reibekäse
250 g Mayonnaise
100 g Salami
1 Paprika
getrocknete Tomaten nach Belieben
Essiggurken nach Belieben
Jalapeños nach Belieben
Oregano & Pizzagewürz
Salz & Pfeffer

PIZZASEMMELN

VON OMA

Die Semmeln halbieren. Alle anderen Zutaten kleinschneiden und mit Käse, Mayo und Gewürzen vermischen. Die Semmeln damit bestreichen und ca. 15 Minuten bei 200 °C im Ofen backen.

Der Aufstrich eignet sich sehr gut zum Portionieren und Einfrieren. Außerdem schmeckt er auch mit vielen anderen Zutaten.

SPAGHETTI MIT THUNFISCH

UND EINER AUSSERGEWÖHNLICHEN MENGE KÄSE

Die Spaghetti in Salzwasser nach Packungsanleitung kochen. Etwas vom Olivenöl in eine Pfanne geben und bei mittlerer Hitze die Zwiebeln glasig anbraten. Den Thunfisch und den Rest vom Öl beigeben. Salzen und Pfeffern und nach etwa 2 Minuten den Knoblauch, die Chilis, Basilikum, Oregano und die Tomaten in die Pfanne werfen. Dabei aufpassen: Das Öl darf nicht zu heiß sein, sonst verbrennt der Knoblauch und das sieht weder schön aus, noch schmeckt es.

Die Ölsauce ist nach 3 Minuten fertig und kann nun im Topf mit den Spaghetti vermischt werden. Den Feta mit der Hand zerkrümeln und mit den Nudeln vermengen. Am besten schmeckt das Gericht mit reichlich Parmesan!

500 g Spaghetti
250 g Cocktailtomaten, geviertelt
250 g Dosenthunfisch
200 g Fetakäse
100 g Parmesan, gerieben
1 rote Zwiebel, gewürfelt
6 Knoblauchzehen, in Scheiben
2 rote Chilischoten
100 ml Olivenöl
½ Bund Basilikum, gehackt
2 TL Oregano, gehackt
Salz & Pfeffer

4 Portionen · ratzfatz · ~~mach mal halblang~~ · ~~eine lange Geschichte~~

KÄSESPÄTZLE

IN WEIDEN ERFUNDEN

4 Personen · ~~ratzfatz~~ · mach mal halblang · ~~eine lange Geschichte~~

500 g Spätzle oder Spätzle hausgemacht
1 Zwiebel
Stärkepulver
2 Knoblauchzehen, gehackt
500 g Reibekäse
125 g Cocktailtomaten, geviertelt
2 EL Olivenöl
30 g Schnittlauch, fein gehackt
1 TL Paprikapulver
Salz & Pfeffer

SPÄTZLE

375 g Mehl
2 Eier
Salz
250 ml Wasser
1 EL Öl

Die Zwiebel halbieren und in dünne Streifen schneiden. Diese anschließend mit Stärkepulver vermischen, sodass die Zwiebeln vollständig bedeckt sind. Dann mit viel Öl in der Pfanne anbraten, bis die Zwiebeln goldbraun sind. Die Röstzwiebeln kurz beiseitestellen.

Den Knoblauch in einer beschichteten Pfanne mit etwas Olivenöl kurz anbraten. Die Spätzle, die Tomaten und den Reibekäse hinzugeben und anbraten, sodass der Käse schmilzt. Dabei immer kurz warten, bis der Käse unten kross wird und dann wieder umrühren. Mit Salz, Pfeffer und Paprika abschmecken und abschließend mit den Röstzwiebeln und Schnittlauch garnieren.

SPÄTZLE HAUSGEMACHT

Mehl, Eier und Salz zu einem Teig verrühren. Das Wasser zugeben, dabei je nach Größe der Eier eventuell etwas weniger als ¼ Liter nehmen. Der Teig soll glatt und nicht zu fest sein. Den Teig weiterbearbeiten, bis er Blasen wirft. Salzwasser erhitzen und Öl hineingeben. Den Teig in den Spätzlehobel füllen und die Spätzle in das kochende Wasser schaben. Wenn die Spätzle an der Oberfläche schwimmen, mit einer Schaumkelle herausnehmen.

Berliner
Luft

Also ne Birne, davon ne Scheibe und dann Pfeffi rein.
Dann erstmal umrühren. Dann Zimt drüberstreuen.
Eiskalt muss er sein. Damits schmeckt!
Trettmann
#bpfmz

POUTINE

POMMES UND BOURBON

4 Personen · ~~ratzfatz~~ · mach mal halblang · ~~eine lange Geschichte~~

1 kg Kartoffeln, vorwiegend festkochend
600 g Schweinebauch ohne Schwarte
50 g Butter
300 ml Bourbon Whisky
Ahornsirup
300 ml Rinderbrühe
1 EL Speisestärke
1 Pck. Halloumi-Käse, gewürfelt
250 g geriebener Käse
Salz & Pfeffer
Öl zum Braten

Für die Pommes die Kartoffeln waschen und in 1 x 1 cm dicke Streifen schneiden und etwas salzen. Bei 150 °C Ober-/Unterhitze 15 Minuten backen. Währenddessen den Schweinebauch in ½ cm dicke Streifen schneiden, in einer heißen Pfanne mit etwas Öl 2 Minuten scharf anbraten. Den Ahornsirup dazu geben und kurz karamellisieren lassen, danach das Gebratene mit dem Bourbon ablöschen. Sobald der Bourbon fast verdampft ist, die Rinderbrühe dazu gießen. Die Stärke mit der doppelten Menge Wasser vermischen und in die kochende Pfanne geben. Zum Schluss nur noch die in Würfel geschnittene Butter in die heiße Sauce einrühren, bis sie sich aufgelöst hat. Mit Salz, Pfeffer und Ahornsirup abschmecken.

Die Pommes aus dem Ofen holen und in eine Auflaufform geben. Die Sauce darüber geben. Alles mit dem Halloumi vermengen. Zu guter Letzt nur noch den geriebenen Käse darüber streuen. Das Poutine für ca. 10 Minuten im Ofen bei 160 °C backen.

9 AM

Breakfast Jazz

BREAKFAST JAZZ

Frühstück kann sowas Alltägliches sein. Frühstück kann so wunderbar sein. Sei nicht so alltäglich, du Frühstück. Und überhaupt und btw, sei nicht so früh! Und wenn früh, dann wenigstens Banana Pancakes. Du schmeckst mir am besten, wenn ich den Wecker nicht gehört habe und ich trotzdem noch glaube Zeit zu haben, um hier bei Ana Victoria an der Bar zu sitzen. Sie hat das bezauberndste, am Morgen mögliche Lächeln und macht mir softe Spiegeleier. Aus der Tür nebenan wird Espresso ausgeschenkt und so springt die Energie der Leute um mich herum unweigerlich auf mich über. Zzzzzzzzz. Heute will ich tanzen und mit meinem Kumpel zusammensitzen und mit dem schönen, etwas schüchternen und etwas unglaublichen Mädchen aus Indien reden. Und was kann mir bitte, wenn ich ein bisschen spät dran bin, eine Uhr schon tun? Ana Victoria hat ja auch keine dran und packt ne ordentliche Portion Entspannung mit auf den Teller. Und was wären das für Leute, die mich aus diesem Moment reißen wollten? Keine Freunde! Nee, meine Freunde machen mir Frühstück zur rechten Zeit und irgendwann revanchiere ich mich, inshallala, hey Bruder, wie gehts, oh yeah, lass den Tag beginnen!

PISTONS

FUNKUCHEN

AFRICA-LIKE

2 Eier
200 ml Milch
250 g Mehl
20 g Butter
Salz oder Zucker
Öl

Die Butter in einem Topf auflösen und aufpassen, dass sie nicht zu heiß wird. In der Zwischenzeit die Eier mit der Milch verrühren, dann die gelöste Butter dazugeben und alles mit dem Mehl vermengen, sodass keine Klumpen mehr zu sehen sind und die Masse glatt ist. Je nachdem, wie die Funkuchen belegt werden sollen, das Ganze mit etwas Salz oder Zucker abschmecken.

Nun in eine gut beschichtete Pfanne ein wenig Öl geben und erhitzen. Dann ca. 80 ml der Masse in die Pfanne geben und durch Schwenken die Masse gut verteilen. Den Herd auf mittlere Hitze stellen und warten bis der Funkuchen fest geworden ist. Sobald man ihn wenden kann, einmal wenden und auf der anderen Seite goldbraun backen.

Auf den folgenden Seiten findest du zwei süße und zwei salzige Funkuchenideen, doch natürlich sind auch Klassiker wie Funkuchen mit Zimt und Zucker nicht zu unterschätzen!

FRUITY DUDE

MIT HIMBEERSAUCE UND FRÜCHTEN

8 Funkuchen · ratzfatz · ~~mach mal halblang~~ · ~~eine lange Geschichte~~

8 Funkuchen (siehe S. 158)
250 g frische Himbeeren
frische Früchte nach Belieben
brauner Zucker
Minze

Die Himbeeren mit einem Esslöffel braunem Zucker pürieren, sodass eine Sauce entsteht. Bei Bedarf nochmals mit braunem Zucker nachschmecken. Danach die frischen Früchte waschen und kleinschneiden.

Nun die Funkuchen nach unserem Rezept mit Zucker zubereiten. Die Funkuchen mit der Himbeersauce bestreichen, die geschnittenen Früchte dazugeben und zusammenrollen. Danach noch mit etwas Sauce übergießen und auf dem Teller nach Belieben mit weiteren Früchten und Kräutern garnieren.

Bunt wie ein Papagei
– oder der Regenbogenfisch

BESCHAMEL

FUNKUCHEN MIT SPINAT UND BÉCHAMELSAUCE

Die Funkuchen nach dem Grundrezept salzig abgeschmeckt zubereiten und im Ofen warmhalten. Die Zwiebel in kleine Würfel schneiden und bei mittlerer Hitze in einem Topf glasig anschwitzen. Danach den gewaschenen Spinat dazugeben und 2-3 Minuten zusammenfallen lassen. Mit Salz und Pfeffer abschmecken und im Ofen warmhalten.

Danach in einem Topf bei kleiner Hitze die Butter langsam schmelzen. Sobald das geschehen ist, das Mehl dazugeben und solange rühren, bis Mehl und Butter eine glatte Masse sind. Danach die Milch dazu gießen und alles unter ständigem Rühren aufkochen. Aufpassen, da sie sehr schnell anbrennen kann. Sobald sie kurz gekocht hat, die Sauce mit geriebenem Muskat, Salz und Pfeffer abschmecken.

Den Spinat noch einmal kurz warm rühren. Ricotta auf die warmen Funkuchen streichen und darüber den Spinat verteilen. Nun alle Funkuchen zusammenrollen und auf einen großen Teller legen. Die heiße Béchamelsauce darüber geben und mit Schnittlauch bestreuen.

8 Funkuchen (siehe S. 158)

BÉCHAMELSAUCE

30 g Butter
30 g Mehl
500 ml Milch
Salz & Pfeffer
Muskatnuss, gerieben
½ Bund Schnittlauch, in Ringe geschnitten

FÜLLUNG

800 g frischer Spinat
½ Zwiebel
100 g Ricotta

8 Funkuchen · ratzfatz · ~~mach mal halblang~~ · ~~eine lange Geschichte~~

1 Schokotraum · ratzfatz · ~~mach mal halblang~~ · ~~eine lange Geschichte~~

SCHOKOTRAUM

SELBSTGEMACHTE HASELNUSSCREME

200 g Vollmilchschokolade
100 g Zartbitterschokolade
60 g Haselnüsse, gehackt
170 ml Sonnenblumenöl

Das Öl in einem Topf langsam auf ungefähr 60 °C erhitzen. Danach den Topf vom Herd nehmen, die Schokolade klein brechen und zum Öl geben. Wichtig: Dabei ständig rühren, da die Schokolade nicht über 45 °C heiß werden darf. Falls sich die Schokolade nicht komplett auflöst, den Topf noch einmal kurz auf den Herd stellen und warm werden lassen, dann schnell wieder vom Herd nehmen. Sobald alles aufgelöst und eine glatte Sauce entstanden ist, die Haselnüsse dazugeben und gut einrühren. Fertig ist das selbstgemachte Nutella!

Der Schokotraum passt perfekt zu süßen Funkuchen. Einfach nach dem Grundrezept mit Zucker zubereiten und die Funkuchen mit viel noch warmer Schokosauce füllen. Wer mag, kann sie natürlich mit Früchten garnieren.

SCHINKEN-CRÈME FRAÎCHE

NORMAL? NE, DAS IST SUPER

8 Funkuchen · ratzfatz · ~~mach mal halblang~~ · ~~eine lange Geschichte~~

8 Funkuchen
100g Crème fraîche
8 Scheiben Kochschinken
2 Stangen Frühlingszwiebeln

Die Funkuchen nach dem Grundrezept salzig abgeschmeckt zubereiten und im Ofen warmhalten. Die Crème fraîche in einer Schüssel mit Salz und Pfeffer abschmecken und beiseitestellen. Danach den Frühlingslauch in feine Ringe schneiden.

Sobald diese fertig sind, mit der Crème fraîche bestreichen und den Frühlingslauch darüber streuen. Den Kochschinken kleinzupfen, auf die Funkuchen geben und sie dann zusammengeklappt servieren.

Da könnte man auch noch ein Spiegelei und Emmentaler drauf packen.

AHMEDS FATTEH

KICHERERBSEN AM MORGEN

4 Portionen · ~~ratzfatz~~ · mach mal halblang · ~~eine lange Geschichte~~

250 g Kichererbsen aus der Dose
3 Stück dünnes arabisches Brot
500 g Joghurt
4 EL Hummus (siehe S. 32)
4 EL Sesammus
4 EL Zitronensaft
2 Knoblauchzehen, gehackt
100 g Ghee
100 g Mandeln
2 TL Salz
½ Bund Petersilie, gehackt
1 TL Paprikapulver
1 TL Kreuzkümmel, gemahlen

Das arabische Brot für 5 Minuten bei 120 °C in den Ofen legen, sodass es leicht knusprig wird. Die Kichererbsen in einen Topf mit frischem Wasser geben und aufkochen, anschließend 15 Minuten köcheln lassen. Währenddessen in einer großen Schüssel den Joghurt mit 2 Esslöffeln Sesammus vermischen. Anschließend Hummus, Zitronensaft, Knoblauch und Salz unterrühren. Das Ganze mit einer Kelle vom heißen Kichererbsenwasser strecken, sodass eine nicht zu cremige Konsistenz entsteht.

Das arabische Brot in etwa 2 x 2 cm große Stücke reißen: ⅔ davon werden unter den Joghurt gemischt. Den Rest zusammen mit den Mandeln in einer Pfanne mit Ghee anbraten, bis das Brot schön knusprig ist. Nun die Kichererbsen abgießen und über den Joghurt geben. Anschließend den Pfanneninhalt, also Brot, Mandeln und Ghee gleichmäßig obenauf verteilen. Mit Petersilie, Paprikapulver und Kreuzkümmel garnieren.

GUCCI RÜHREI

PRADA IST AUCH SO EIN HIT VON MIR

4 Portionen · ratzfatz · ~~mach mal halblang~~ · ~~eine lange Geschichte~~

8 Eier
100 ml Sahne
150 g Fetakäse
100 g getrocknete Tomaten, eingelegt
½ Bund Rosmarin
50 g Pinienkerne
Salz & Pfeffer

Den Feta in einer Schüssel klein bröseln und beiseitestellen. Die getrockneten Tomaten abtropfen und in kleine Würfel schneiden. Den Rosmarin von den Stielen zupfen und sehr fein schneiden. Nun die Pinienkerne in einer heißen Pfanne ohne Öl kurz rösten, bis sie goldbraun sind.

Die Eier mit der Sahne und einem Teelöffel Salz in eine Schüssel geben und gut verrühren. In eine beschichtete Pfanne bei mittlerer Hitze etwas Öl geben und den feingehackten Rosmarin kurz anbraten, bis man ihn riecht. Danach sofort die Rühreimasse dazu gießen und alles ein bis zwei Minuten umrühren. Sobald das Ei anfängt zu stocken, die Hälfte des Fetakäses und die getrockneten Tomaten dazu geben und weiter rühren. Wenn das Ei komplett gestockt ist, die Pfanne vom Herd nehmen und den Inhalt auf vier Teller verteilen. Mit dem restlichen Feta und den Pinienkernen garnieren und mit Salz und Pfeffer abschmecken, voilà!

Ei CHAPO

MEXICAN STYLE

4 Personen · ratzfatz · ~~mach mal halblang~~ · ~~eine lange Geschichte~~

8 Eier
100 ml Sahne
1 Avocado
2 Tomaten, gewürfelt
½ Zwiebel, gewürfelt
¼ Bund Petersilie, gehackt
½ Limette
½ Tüte Tortillachips
Salz & Pfeffer

Die Tomaten vierteln und die Kerne herausschneiden, anschließend würfeln. Die Avocado halbieren, vom Kern befreien (entweder durch leichtes Drücken der Außenschale oder einen gezielten Hieb mit einer scharfen Messerklinge, sodass diese im Kern steckt. Danach kann man diesen mit dem Messer rausnehmen) und die Hälften als ganzes Stück mit einem Löffel aus der Schale nehmen. Das Fruchtfleisch würfeln, etwas salzen und mit dem Saft einer halben Limette beträufeln.

Die Eier mit der Sahne und einem Teelöffel Salz in einer Schüssel verquirlen. Die Zwiebel würfeln und mit etwas Öl in einer gut beschichteten Pfanne glasig anbraten. Danach das Ei darüber geben und alle ein bis zwei Minuten umrühren, bis es goldbraun ist. Anschließend auf die Teller geben und mit Tomaten, Avocado, Tortillachips und zu guter Letzt noch Petersilie anrichten.

HAUSMANNSKOST

TRÜFFELRÜHREI

4 Personen · ratzfatz · ~~mach mal halblang~~ · ~~eine lange Geschichte~~

8 Eier
100 ml Sahne
50 g Trüffelbutter
30 g frischer Trüffel
4 Scheiben Toast
Salz & Pfeffer

Die Eier mit der Sahne und einem Teelöffel Salz in einer Schüssel verrühren. In einer beschichteten Pfanne die Hälfte der Trüffelbutter bei mittlerer Hitze auflösen, die Rühreimasse dazu geben und alle ein bis 2 Minuten umrühren. In der Zwischenzeit den Toast toasten, mit dem Rest der Trüffelbutter bestreichen und auf die Teller verteilen. Sobald das Ei komplett gestockt ist, die Pfanne vom Herd nehmen und den Inhalt auf die Toastscheiben verteilen, sodass der Koch am meisten hat, ohne dass die anderen es checken! Jetzt nur noch schnell den Trüffel sehr fein darüber hobeln und mit Pfeffer und Salz nachschmecken.

Statt einem Trüffelhobel kann man auch die feine Käsereibe nehmen, gibt aber Abzüge in der B-Note.

BIRCHER MÜSLI

NATÜRLICH AUS DER SCHWEIZ

Haferflocken, Cranberries, Zucker und Zimt mit der Milch aufgießen und über Nacht einweichen lassen. Am nächsten Morgen die Äpfel reiben und mit dem Naturjoghurt dazugeben. Die weiße Schokolade raspeln. Zum Schluss das Müsli mit Heidelbeeren, Weintrauben, Mandelsplitter und der weißen Schokolade garnieren.

250 g Haferflocken
300 ml Milch/Hafermilch
eine Handvoll Cranberries
2 EL Zucker
1 Prise Zimt
2 Äpfel
500 g Naturjoghurt
etwas Mandelsplitter
50 g Heidelbeeren
50 g Weintrauben
½ Tafel weiße Schokolade

4 Portionen · ratzfatz · ~~mach mal halblang~~ · ~~eine lange Geschichte~~

einweichen lassen

Nimmt man Hafermilch statt normaler Milch, ist die Mischung drei Tage haltbar und kann jeden Morgen wiederverwendet werden.

SMOOTHIES

GORDON HAYWARDS WUNDERMITTEL

½ Gurke
1 Grapefruit
150 g weiße Weintrauben
¼ Kopf Romana-Salat
1 EL Kokosöl
4 ganze Wacholderbeeren
Agavendicksaft

GREEN GOBLIN

Gurke, Trauben und Salat waschen. Die Schale von der Grapefruit entfernen und dann alle Zutaten in einen Mixer geben und gut mixen. Gegebenenfalls mit Agavendicksaft nachsüßen.

Schmeckt auch eiskalt mit einem Schuss Gin.

2 Äpfel
1 Banane
40 g Ingwer
1 Limette, Saft & Abrieb
0,3 l Orangensaft
1 EL Kokosöl
½ TL Zimt
Agavendicksaft

GOLDDUST

Die Äpfel waschen und etwas kleinschneiden, sodass dein Mixer sie pürieren kann. Die Banane schälen und ebenfalls ein wenig zerkleinern. Nun den Ingwer schälen und grob kleinschneiden. Die Limettenschale abreiben und die Hälfte des Abriebs zusammen mit dem Limettensaft und den restlichen Zutaten in das Mixbehältnis geben. Nun gut pürieren und den Smoothie mit Zimt und Agavendicksaft abschmecken. Gegebenenfalls noch mit etwas Orangensaft verdünnen, bis die Konsistenz passt. Vor dem Servieren kann noch etwas Limettenschale über den Smoothie gestreut werden.

SHAKSHUKA

TOMATENTOPF MIT EI

4 Portionen · ratzfatz · ~~mach mal halblang~~ · ~~eine lange Geschichte~~

2 EL Olivenöl
1 rote Paprika, gewürfelt
4 Knoblauchzehen, gehackt
1 TL Kreuzkümmel
1 TL Salz
½ TL Pfeffer
1 TL Harissa (siehe S. 90)
2 EL Tomatenmark
800 g Dosentomaten, in Stücken
4 Eier
150 g Fetakäse
1 Bund Koriander, gehackt
Fladenbrot

Das Olivenöl bei mittlerer Temperatur in einer Pfanne erhitzen. Paprika, Knoblauch, Tomatenmark und die Gewürze beigeben und bei geringer Hitze 7 Minuten anschwitzen, bis die Paprikawürfel weich sind. Dann die Tomaten dazugeben und 15 Minuten köcheln lassen. Die Sauce sollte relativ dick sein, sonst noch etwas Tomatenmark beigeben. Abschmecken und eventuell noch nachwürzen.

Nun für jedes Ei eine Mulde in die Sauce drücken, die Eier aufschlagen und vorsichtig in die Mulden gleiten lassen. Solange mit Deckel köcheln lassen, bis die Eiweiße gestockt sind. Die Eigelbe sollten aber noch flüssig sein! Den Feta und den Koriander über das Gericht streuen und die Pfanne in die Tischmitte auf einen Untersetzer stellen. Shakshuka wird mit Brot aus der Pfanne gelöffelt.

Frische Kräuter? Frische Kräuter! Immer!

TOM KHA GAI

THAILÄNDISCHE HÜHNERSUPPE

6 Portionen · ~~ratzfatz~~ · mach mal halblang · ~~eine lange Geschichte~~

800 ml Kokosmilch
500 ml Hühnerbrühe
5 Stangen Zitronengras
5 cm Galgant, geschält, in Scheiben
2 große rote Chilischoten, in Ringe geschnitten
60 ml Fischsauce
8 Kaffir-Limettenblätter
400 g Hühnerbrust, in Streifen geschnitten
150 g kleine Champingons, in Scheiben geschnitten
1 Limette
2 TL brauner Zucker
½ Bund Koriander, gehackt
5 Frühlingszwiebeln, in Ringe geschnitten

Das Zitronengras in 4 cm lange Stücke schneiden und mit dem Messerrücken zerdrücken. Die Brühe und die Hälfte der Kokosmilch zum Kochen bringen und das Zitronengras, den Galgant, die Limettenblätter und die Chilis hineingeben, mit der Fischsauce würzen und 10 Minuten köcheln lassen.

Die Champignons hinzufügen und weitere 5 Minuten kochen, dann das Hühnerfleisch unterrühren und wenige Minuten auf kleiner Flamme köcheln. Das Hühnchen muss zart bleiben, sollte aber durch sein. Die restliche Kokosmilch zufügen und mit dem Saft der zwei Limetten, Zucker und Fischsauce abschmecken. Die Suppe in Schalen anrichten und mit dem Frühlingslauch und dem Koriander ausgarnieren.

CHACHACHAI

AM GANGES

Tee, Wasser, Milch und die Gewürze in einen Topf geben. Den Ingwer in dünne Scheiben schneiden und hinzugeben. Dann alles unter gelegentlichem Rühren aufkochen lassen. Wenn die Flüssigkeit zu schäumen beginnt, den Topf kurz vom Herd nehmen, bis der Schaum sich wieder senkt. Das Ganze insgesamt 5 Mal wiederholen.

Mit Zucker abschmecken. Anschließend den Tee und die Gewürze absieben und servieren. Den Teesatz kann man beim nächsten Mal wiederverwenden.

3 TL loser Schwarztee
½ l Milch
200 ml Wasser
Ingwer, daumengroß
etwas Pfeffer
etwas Kardamom
5 Nelken
½ Zimtstange
½ Sternanis
6 EL brauner Rohrzucker

4 Tassen · ratzfatz · ~~noch mal halblang~~ · ~~eine lange Geschichte~~

Am besten schmeckt der Chai mit einer Zigarette und indischer Radiomusik am Flussufer.

SAY CHEESE

KÄSEOMELETTE

2 Omelette · ratzfatz · ~~mach mal halblang~~ · ~~eine lange Geschichte~~

8 Eier
75 ml saure Sahne
½ Zwiebel, gewürfelt
70 g Parmesan, gerieben
70 g Bergkäse, gerieben
70 g Ziegenkäserolle, in Scheiben
½ Bund Schnittlauch, gehackt
Salz & Pfeffer

Die Eier mit der sauren Sahne und einer guten Prise Salz vermischen und kaltstellen. In der Zwischenzeit den Backofen auf 200 °C Ober-/Unterhitze vorheizen.

Die Zwiebelwürfel mit etwas Butter und Öl in einer beschichteten Pfanne glasig anbraten. Danach die Omelettemasse dazugießen und für ca. 4 Minuten bei kleiner Hitze braten.

Nun mit dem geriebenen Parmesan und Bergkäse bestreuen und anschließend die Pfanne für 6 Minuten auf die mittlere Schiene in den vorgeheizten Ofen stellen. Sobald das Omelette goldbraun ist, kann es aus dem Ofen geholt und auf einen Teller gestürzt werden. Dann die Ziegenkäsetaler auf das Omelette legen, den Schnittlauch drüberstreuen und zum Abschluss Pfeffer grob auf das Omelette mahlen.

MORGEN IN MARSEILLE

MEDITERRANES OMELETTE

2 Omelette · ratzfatz · ~~mach mal halblang~~ · ~~eine lange Geschichte~~

8 Eier
75 ml saure Sahne
¼ Zucchini
1 Tomate
2 Zweige Rosmarin
2 Zweige Thymian
70 g schwarze Oliven, gehackt
Salz & Pfeffer

Die Eier mit der sauren Sahne und einer guten Prise Salz vermischen. Die Eiermasse kaltstellen. In der Zwischenzeit den Backofen auf 200 °C Ober-/Unterhitze vorheizen. Die Zucchini waschen und klein würfeln. Die Oliven kleinhacken und mit der Zucchini beiseitestellen. Den Rosmarin und Thymian von den Stielen zupfen und sehr fein hacken, die Hälfte in die Eiermasse geben. Zucchini und die Oliven in einer beschichteten Pfanne mit etwas Öl anbraten.

Danach die Omelettemasse dazu gießen und für ca. 4 Minuten bei kleiner Hitze weiterbraten. Danach die Pfanne auf die mittlere Schiene in den Ofen stellen und für ca. 6 Minuten backen, bis das Omelette goldbraun ist. Nun aus dem Ofen holen und vorsichtig auf einen Teller stürzen. Danach die restlichen Kräuter darüber streuen und mit frisch gemahlenem Pfeffer würzen.

Omas KATER-CARE

DAMALS

Es ist kurz vor dem Mittagessen. Die Sonne scheint durch den Vorhang. Man wacht auf. Sucht erst einmal nach dem Wasser neben dem Bett, um den unangenehmen Durst – oder, wie wir es in Bayern nennen, „den Brand“ – zu löschen. Noch nicht ganz fähig aufzustehen, zieht man sich an und wankt Richtung Küche. Auf dem Weg dorthin verspricht einem schon der Geruch im ganzen Haus, dass Oma fett aufgekocht hat. Es gibt übermenschliche Mengen an Schweinebraten mit Knödeln und für diejenigen, die beim Gedanken an ein Bier nicht gleich wieder aufspringen und Richtung Klo laufen, ein schönes, kaltes Weizen dazu. Wie durch ein Wunder kommt man schon nach wenigen Bissen wieder zu Kräften, um den restlichen Tag zu überstehen.

HEUTE

6 Uhr. Es wird hell. Verdammt! Schon wieder die Sonnenbrille vergessen. Zum Glück ist es im Klub noch dunkel. Irgendwann übermannt einen dann doch die Müdigkeit. Nach einem langen, anstrengenden Heimweg, nochmal kurz eine Nachricht in die Gruppe, die Freunde noch einmal daran erinnern, am Abend gibt es Schweinebraten. In der Hoffnung, dass es alle schaffen, irgendwann nachmittags aus ihren Betten zu kriechen und den anstrengenden Weg mit der U-Bahn auf sich zu nehmen. 15 Uhr. Man wacht endlich wieder von den Toten auf und zwingt sich in die Küche, um dort Omas Job zu übernehmen. Man fängt langsam an zu kochen und mit etwas Musik im Hintergrund versucht man den Tinnitus vom Vorabend zu übertönen. Erstaunlicherweiße haben es am Ende fast alle zu mir geschafft und wir stürzen uns auf das Essen, um wieder zu Kräften zu kommen.

SCHWEINEBRATEN

MIT KNÖDELN UND KRAUT

4 Personen · ~~ratzfatz~~ · ~~nach mal halblang~~ · eine lange Geschichte

BRATEN

2 Knoblauchzehen
1 Bio-Orange
½ EL Kümmelsamen
½ EL grober schwarzer Pfeffer
1½ kg Schweineschulter mit Schwarte
2 Schweinebeinscheiben
100 ml Rotwein
800 ml Rinderbrühe
1 Karotte
400 g Zwiebeln
30 g Stärke
50 g Butter
Alufolie

BRATEN

Den Knoblauch schälen. Für den Abrieb der Orangenschale die Orange über eine feine Reibe reiben. Die Kümmelsamen, ½ Esslöffel Salz, den Knoblauch, die Hälfte des Orangenabriebs und den Pfeffer fein hacken. Schweineschulter nur auf den Fleischseiten mit der Gewürzmischung einreiben. 30 Minuten ziehen lassen. Beinscheiben in ca. 2 cm große Würfel schneiden. In einen Topf 2 Esslöffel Öl geben und bei mittlerer Hitze heiß werden lassen. Die Fleischwürfel dazugeben und unter ständigem Rühren kräftig anrösten. Sobald das Fleisch im Topf eine schöne braune Farbe hat, die Hitze erhöhen und mit dem Wein ablöschen. Den Topfinhalt aufkochen lassen, mit der Rinderbrühe auffüllen und den Herd ausschalten.

Die Schweineschulter mit der Schwarte nach unten in eine tiefe Bratenform oder einen Topf geben. Die Brühe mit den Fleischwürfeln dazugießen. Die Karotte waschen und klein schneiden. Die Zwiebeln schälen und klein schneiden. Beides zu dem Braten geben.

Den Backofen auf 150 °C Umluft (170 °C Ober-/Unterhitze) einstellen und den Braten auf mittlerer Schiene für 1 Stunde darin garen. Nach einer Stunde den Braten aus der Bratenform nehmen und die Schwarte mit einem scharfen Messer erst längs, danach diagonal einritzen, sodass ein Karomuster entsteht. Den Schweinebraten mit der Schwarte nach oben zurück in die Bratenform geben (die Schwarte sollte nun nicht mehr in der Brühe sein). Die Bratenform zurück in den Ofen stellen und ca. 2 Stunden weiter garen, bis das Fleisch weich ist.

FÜR DIE KNÖDEL UND DAS KRAUT

800 g fertigen Kartoffelknödelteig
1 Kopf Spitzkohl
100 g Speck in Würfeln
100 g Schweineschmalz
50 ml Sojasauce
1 TL Kümmelsamen
Salz & Pfeffer

Nach und nach noch etwa 500 ml Wasser dazugeben, sodass der Braten bis zur Schwarte stets in der Flüssigkeit liegt.

Den fertigen Schweinebraten aus der Bratenform nehmen und in Alufolie einwickeln, sodass die Schwarte frei bleibt. Den eingewickelten Braten im ausgeschalteten Ofen auf mittlerer Schiene warmhalten. Die Brühe durch ein feines Sieb in einen Topf gießen und zum Kochen bringen. Das ausgekochte Gemüse und die Beinscheibe wegwerfen. Die Stärke mit 30 ml kaltem Wasser vermengen und in die kochende Brühe unter ständigem Rühren geben. Die Hitze reduzieren. Die übriggebliebene Hälfte des Orangenabriebs in die Sauce geben und nochmal mit Salz und Pfeffer abschmecken.

Die Grillfunktion (höchste Stufe) des Backofens einschalten. Den Schweinebraten im Ofen 5-10 Minuten grillen, sodass die Schwarte knusprig wird. Vorsicht, die Schweineschwarte verbrennt sehr schnell. Braten aus dem Ofen nehmen, von der Alufolie befreien und in dünne Scheiben schneiden.

Kurz vor dem Servieren der Speisen die Sauce noch einmal aufkochen. Die kalte Butter in kleine Würfel schneiden und unter ständigem Rühren in die Sauce geben, bis sie aufgelöst ist. Die Sauce vom Herd nehmen.

FÜR DIE KNÖDEL UND DAS KRAUT

30 Minuten bevor der Braten fertig ist, aus dem Kartoffelknödelteig die Knödel rollen. Wasser mit etwas Salz in einem großen Topf für die Knödel zum Kochen bringen und diese nach Packungsanweisung kochen. Den Spitzkohl in 1 cm dicke Streifen schneiden. Das Schweineschmalz in einer Pfanne erhitzen und den Speck darin 1 Minute anbraten. Den geschnittenen Spitzkohl dazugeben. 2 Minuten weiter braten. Die Sojasauce, den Kümmel und etwas gemahlenen Pfeffer dazugeben. Das Kraut so lange weiter braten bis es einen angenehmen Biss hat. Mit Salz und Pfeffer nachschmecken.

ALL NIGHT LONG

Register, Team & Thanks

REGISTER

Ich würde gerne einmal mit Action Bronson die Gastronomie in New York unsicher machen.

Chefkoch

JONAS MEROLD

Spezialität: Rezepte
Lieblingsgericht: Gyoza

Thugger

LASLO JAEGER

Spezialität: Geschichten
Lieblingsgericht: Fusion-Msemen

Ich würde gerne mal mit Tretmann essen!

Ich würde gerne mal mit Action Bronson und Jonas essen gehen!

Pate

PATRICK EGER

Spezialität: Gefahrlose Mitternachtsküche
Lieblingsgericht: Pizzasemmeln von Oma

Fotografin

CARINA ADAM

Spezialität: Genuss und Lebenslust
Lieblingsgericht: Matcha-Eis

Ich würde gerne mit Kai Meyer und Jeong Kwan essen.

Designer

MAREK FIEGLER

Spezialität: Ballen ohne Ball
Lieblingsgericht: Poke Einskommanull

Ich würde gerne mit Mike Jones einen G's Burger essen.

COOKINDNR.DE

facebook.de/cookindnr
instagram.com/cookindnr

IF YOURE READING THIS THANK YOU

Ja, das Buch ist jetzt zu Ende. Zum Schluss wollen wir noch Danke sagen. Danke, weil wir ohne die Unterstützung einiger Leute sicherlich nicht so ein geiles Buch hätten machen können.

Wir brauchten natürlich Platz zum Arbeiten. Neben unseren eigenen WG's konnten wir für die Arbeit am Design immer die Räumlichkeiten der OJALA WERKE nutzen. Marek arbeitet dort tagsüber und dort ist es sehr schön. Wir hatten in dem Büro lauter gute Ideen und bekamen immer gutes Feedback. Sasan hat die derben Illus von uns gemacht. Und Sven hat unsere Webseite an den Start gebracht. Danke dafür!

Unser Eis aßen wir immer bei der kleinen Eiszeit in der Weserstraße. Danke Tanja, für das Eis und den grenzenlosen Support!!! Danke Karo, für Kreativität und Social Media Know-How. Danke Paul für Ideen bei der Rezepttaufe.

Als das Buch dann fast fertig war, halfen uns einige Leute dabei, Fehler auszumerzen. Für das Lektorat bedanken wir uns bei Alice, Casi, Daniel, Enno, Laura, May und Ngoc-Le. Wo jetzt noch Fehler sind, dort sind sie beabsichtigt und wir sind ihre stolzen Urheber. Oder wie Steve sagen würde: Der Rest ist Kunst.

Einige Leute haben das Projekt immer wieder durch gute Tipps vorangetrieben: wenn ihr es wart, dann wisst ihr es eh und wir danken euch. Wir wollen hier echt keine Namen aufzählen, dann würden wir Dich nämlich nur vergessen, Steve! Danke euch allen!

Wir danken allen Leuten, die unser Buch und andere Dankeschöns während unserem Crowdfunding erworben haben, noch bevor irgendwer wirklich wissen konnte, wie das Ding aussehen würde. Ganz besonderer Dank geht an Ralph, der eine ganze Woche mit uns das Video für das Crowdfunding gedreht hat. Der Kochfilm kann kommen, nächstes Jahr Oscars.

Danke für die geilen Rezepte an alle, die die geilen Rezepte beigesteuert haben. Und shoutout an alle, die unser Essen gegessen haben und sich dabei fotografieren ließen. Ihr seid wunderschön!

IMPRESSUM

Text & Storys: Laslo Jaeger, außer:
Alex Leitner, Maria Rehermann: S. 64-67; Jonas Merold: S. 190

Fotos: Carina Adam, außer:
Marek Fiegler: Titel, S. 44-45, S. 95 Mitte, S. 108-109, S. 119, S. 131, S. 140-141, S. 150-151; Laslo Jaeger: S. 80; Jonas Merold: S. 95 Rechts; Patrick Eger: S. 144; Ralph Keller: S. 156-157, S. 191

Gestaltung & Layout: Marek Fiegler

Illustration: Sasan Pix (Portraits)

Rezepte: Cookindnr-Crew, außer:
Alina Schulenkorf: Gold & Butter, The Master has come back
Laura Pfeiffer: Gâteau Virginie, Leftover
Carolin Walberer: Mandelecken vom Blech
Ahmed Abo Shameh: Ahmads Fatteh
Eleonora Han: Killin with freshness
Max Mayr: Bircher Müsli
Monika Eger: Pizzasemmeln von Oma
Hans Eger: Bigballerbrandbrot
Rick Jaeger: Spaghetti mit Thunfisch, Wraps vom Bro

Bibliografische Informationen der Deutschen Nationalbibliothek.
Die Deutsche Nationalbibliothek verzeichnet diese Publikation in der Deutschen Nationalbibliografie; detaillierte bibliografische Daten sind im Internet über http://dnb.d-nb.de abrufbar.

ISBN: 978-3-95894-060-4

E-Book-Herstellung: Open Publishing GmbH